Georg Büchner

Wozzeck und Lenz

Zwei Fragmente

Georg Büchner

Wozzeck und Lenz
Zwei Fragmente

ISBN/EAN: 9783744647601

Hergestellt in Europa, USA, Kanada, Australien, Japan

Cover: Foto ©ninafisch / pixelio.de

Weitere Bücher finden Sie auf **www.hansebooks.com**

Georg Büchner

Wozzeck – Lenz

*

Zwei Fragmente

Im Insel-Verlag zu Leipzig

18.—20. Tausend

Wozzeck

Zimmer

Der Hauptmann. Wozzeck.

Hauptmann auf einem Stuhl. Wozzeck rasiert ihn.

Hauptmann. Langsam, Wozzeck, langsam; eins nach dem andern! Er macht mir ganz schwindlig. Was soll ich denn mit den zehn Minuten anfangen, die Er heut zu früh fertig wird? Wozzeck! bedenk Er, Er hat noch seine schönen dreißig Jahre zu leben! Dreißig Jahr! macht dreihundertundsechzig Monate und erst wie viel Tage, Stunden, Minuten! Was will Er denn mit der ungeheueren Zeit all anfangen? Teil Er sich ein, Wozzeck!

Wozzeck. Jawohl, Herr Hauptmann!

Hauptmann. Es wird mir ganz angst um die Welt, wenn ich an die Ewigkeit denke. Beschäftigung, Wozzeck, Beschäftigung! Ewig, das ist ewig! – Das sieht Er ein. Nun ist es aber wieder nicht ewig, und das ist ein Augenblick, ja ein Augenblick! – Wozzeck, es schaudert mich, wenn ich denke, daß sich die Welt in einem Tage herumdreht. Was für eine Zeitverschwendung! – wo soll das hinaus? So geschwind geht alles! – Wozzeck, ich kann kein Mühlrad mehr sehen, oder ich werd melancholisch!

Wozzeck. Jawohl, Herr Hauptmann!

Hauptmann. Wozzeck, Er sieht immer so verhetzt aus! Ein guter Mensch tut das nicht, ein guter Mensch, der sein gutes Gewissen hat, tut alles langsam ... Red Er doch was, Wozzeck! Was ist heut für Wetter?

Wozzeck. Schlimm, Herr Hauptmann, schlimm. Wind!

Hauptmann. Ich spür's schon, 's ist so was Geschwindes draußen; so ein Wind macht mir den Effekt, wie eine

Maus. (Pfiffig:) Ich glaub, wir haben so was aus Süd-Nord?

Wozzeck. Jawohl, Herr Hauptmann!

Hauptmann. Ha! ha! ha! Süd-Nord! Ha! ha! ha! O, Er ist dumm, ganz abscheulich dumm! (Gerührt:) Wozzeck, Er ist ein guter Mensch, aber (mit Würde:) Wozzeck, Er hat keine Moral! Moral, das ist, wenn man moralisch ist, versteht Er? Es ist ein gutes Wort. Er hat ein Kind ohne den Segen der Kirche, wie unser hochwürdiger Herr Garnisonsprediger sagt, „ohne den Segen der Kirche" – das Wort ist nicht von mir.

Wozzeck. Herr Hauptmann! Der liebe Gott wird den armen Wurm nicht drum ansehen, ob das Amen darüber gesagt ist, eh er gemacht wurde. Der Herr sprach: Lasset die Kleinen zu mir kommen!

Hauptmann. Was sagt Er da? Was ist das für eine kuriose Antwort? Er macht mich ganz konfus mit seiner Antwort. Wenn ich sage: Er, so meine ich Ihn, Ihn ...

Wozzeck. Wir arme Leut! Sehen Sie, Herr Hauptmann, Geld! Geld! Wer kein Geld hat! – Da setz einmal einer seinesgleichen auf die moralische Art in die Welt! Man hat auch sein Fleisch und Blut! Unsereins ist doch einmal unselig in dieser und der anderen Welt! Ich glaub, wenn wir in den Himmel kämen, so müßten wir donnern helfen.

Hauptmann. Wozzeck! Er hat keine Tugend, Er ist kein tugendhafter Mensch! Fleisch und Blut? Wenn ich am Fenster lieg, wenn's geregnet hat und den weißen Strümpfen so nachseh, wie sie über die Gasse springen – verdammt! Wozzeck, da kommt mir die Liebe! Ich hab auch

Fleisch und Blut. Aber, Wozzeck, die Tugend! die Tugend! Wie sollte ich dann die Zeit herumbringen? – ich sag mir immer: du bist ein tugendhafter Mensch, (gerührt:) ein guter Mensch, ein guter Mensch!

Wozzeck. Ja, Herr Hauptmann, die Tugend – ich hab's noch nicht so aus. Sehn Sie, wir gemeine Leut – das hat keine Tugend; es kommt einem nur so die Natur. Aber wenn ich ein Herr wär und hätt einen Hut und eine Uhr und ein Augenglas und könnt vornehm reden, ich wollt schon tugendhaft sein. Es muß was Schönes sein um die Tugend, Herr Hauptmann, aber ich bin ein armer Kerl.

Hauptmann. Gut, Wozzeck, Er ist ein guter Mensch, ein guter Mensch. Aber Er denkt zu viel, das zehrt; Er sieht immer so verhetzt aus. Der Diskurs hat mich angegriffen. Geh Er jetzt, und renn Er nicht so, geh Er langsam, hübsch langsam die Straße hinunter, genau in der Mitte!

Freies Feld. Die Stadt in der Ferne
Wozzeck und Andres schneiden Stöcke im Gebüsch.
Wozzeck. Du, der Platz ist verflucht!
Andres. Ach was! (Singt:)
Das ist die schöne Jägerei,
Schießen steht jedem frei!
Da möcht ich Jäger sein,
Da möcht ich hin!
Wozzeck. Der Platz ist verflucht. Siehst du den lichten Streif da über das Gras hin, wo die Schwämme so nachwachsen? Da rollt abends ein Kopf. Hob ihn einmal einer auf,

meint, es wär ein Igel. Drei Tage und drei Nächte drauf, und er lag auf den Hobelspänen.

Andres. Es wird finster, das macht dir angst. Ei was!
(Singt:) Läuft dort ein Has' vorbei,
Fragt mich, ob ich Jäger sei?
Jäger bin ich auch schon gewesen,
Schießen kann ich aber nit!

Wozzeck. Still, Andres! Das waren die Freimaurer, ich hab's, die Freimaurer! Still!

Andres. Sing lieber mit. (Singt:)
Saßen dort zwei Hasen,
Fraßen ab das grüne, grüne Gras.

Wozzeck. Hörst du, Andres, es geht was?! (Stampft auf dem Boden.) Hohl! Alles hohl! ein Schlund! es schwankt... Hörst du, es wandert was mit uns, da unten wandert was mit uns!

Andres (singt:)
Fraßen ab das grüne Gras
Bis auf den Rasen!

Wozzeck. Fort, fort! (Reißt ihn mit sich.)

Andres. He! bist du toll?

Wozzeck (bleibt stehen). 's ist kurios still. Und schwül. Man möcht den Atem halten! Andres!

Andres. Was?

Wozzeck. Red was! (Starrt in die Gegend.) Andres! wie hell! Ein Feuer fährt von der Erde in den Himmel und ein Getös herunter, wie Posaunen. Wie's heranklirrt!

Andres. Die Sonn ist unter. Drinnen trommeln sie.

Wozzeck. Still, wieder alles still, als wär die Welt tot!

Andres. Nacht! Wir müssen heim!

Die Stadt

Marie, mit ihrem Kinde am Fenster. Margaret. – Der Zapfen-
streich geht vorbei, der Tambourmajor voran.

Marie (das Kind auf dem Arm wiegend). He Bub! Sa sa!
Ra ra ra! Hörst? Da kommen sie!
Margaret. Was ein Mann! Wie ein Baum!
Marie. Er steht auf seinen Füßen wie ein Löw. (Tam-
bourmajor grüßt.)
Margaret. Ei was freundliche Augen, Frau Nach-
barin! So was is man an ihr nit gewohnt.
Marie (singt:)
    Soldaten, das sind schöne Bursch –
    Soldaten, Soldaten! –
Margaret. Ihre Augen glänzen ja noch –
Marie. Und wenn! Was geht Sie's an? Trag Sie
Ihre Augen zum Juden, und laß Sie sie putzen, vielleicht
glänzen sie auch noch, daß man sie für zwei Knöpf ver-
kaufen könnt.
Margaret. Was Sie, Sie Frau Jungfer! Ich bin
eine honette Person, aber Sie, das weiß jeder, Sie guckt
sieben Paar lederne Hosen durch.
Marie. Luder! (Schlägt das Fenster zu.) Komm, mein Bub!
Was die Leut wollen! Bist nur ein arm Hurenkind und
machst deiner Mutter doch so viel Freud mit deinem un-
ehrlichen Gesicht! Sa! sa! (Singt:)
    Mädel, was fangst du jetzt an?
    Hast ein klein Kind und kein Mann!
    Ei was frag ich darnach,
    Sing ich die ganze Nacht:

Eia, popeia, mein Bub, juchhu!
Gibt mir kein Mensch nix dazu!
Hansel! spann deine sechs Schimmel an,
Gib sie zu fressen aufs neu –
Kein Haber fresse sie,
Kein Wasser saufe sie,
Lauter kühle Wein muß es sein, juchhe!
Lauter kühle Wein muß es sein!
(Es klopft am Fenster.)

Marie. Wer da? Bist du's, Franz? Komm herein!
Wozzeck. Kann nit. Muß zum Verles!
Marie. Hast Stecken geschnitten für den Major?
Wozzeck. Ja, Marie. Ach ...
Marie. Was hast du, Franz, du siehst so verstört?
Wozzeck. Pst, still! Ich hab's aus! Es war ein Gebild am Himmel, und alles in Glut! Ich bin vielem auf der Spur!
Marie. Mann!
Wozzeck. Und jetzt alles finster, finster! ... Marie, es war wieder was, viel ... (Geheimnisvoll:) Steht nicht geschrieben: Und sieh, es ging der Rauch auf vom Land, wie ein Rauch vom Ofen?
Marie. Franz!
Wozzeck. Es ist hinter mir hergegangen bis vor die Stadt. Was soll das werden?
Marie. Dein Bub –
Wozzeck. Hei, Jung! Heut abend wieder auf die Meß! Ich hab noch was gespart! Jetzt muß ich fort. (Ab.)
Marie (allein). Der Mann! So vergeistert! Er hat sein Kind nicht angesehen! Er schnappt noch über mit den

Gedanken! Was bist so still, Bub? Fürchtst dich? Es wird so dunkel, man meint, man wird blind. Sonst scheint doch die Laterne herein! Ach, wir armen Leut! Ich halt's nit aus, es schauert mich . . .

Studierstube des Doktors
Wozzeck. Der Doktor.

Doktor. Was erleb ich, Wozzeck? Ein Mann von Wort? Ei! ei! ei!

Wozzeck. Was denn, Herr Doktor?

Doktor. Ich hab's gesehen, Wozzeck! Er hat auf die Straße gep—t, an die <u>Wand gep</u>—t, wie ein Hund! Geb ich Ihm dafür alle Tage drei Groschen, Wozzeck? Das ist schlecht, die Welt wird schlecht, sehr schlecht. O!

Wozzeck. Aber Herr Doktor, wenn einem die Natur kommt!

Doktor. Die Natur kommt! die Natur kommt! Aberglaube! abscheulicher Aberglaube! Die Natur! Hab ich nicht nachgewiesen, daß der musculus sphincter vesicae dem Willen unterworfen ist? Die Natur! Wozzeck! Der Mensch ist frei! In dem Menschen verklärt sich die Individualität zur Freiheit! Den Harn nicht halten können! (Schüttelt den Kopf, legt die Hände auf den Rücken und geht auf und ab.) Hat Er schon seine Erbsen gegessen, Wozzeck? Nichts als Erbsen, nichts als Hülsenfrüchte, merk Er sich's! Die nächste Woche fangen wir dann mit Hammelfleisch an. Es gibt eine Revolution in der Wissenschaft, ich sprenge sie in die Luft. Harnstoff, salzsaures Ammonium, Hyperoxydul! – Wozzeck, kann Er nicht wieder p—n? Geh Er einmal da hinein und probier Er's!

Wozzeck. Ich kann nit, Herr Doktor!
Doktor (mit Affekt). Aber an die Wand p—n! Ich hab's schriftlich, den Akkord in der Hand! Ich hab's gesehn, mit diesen Augen gesehen – ich steckte gerade die Nase zum Fenster hinaus und ließ die Sonnenstrahlen hineinfallen, um das Niesen zu beobachten, die Entstehung des Niesens. Man muß alles beobachten. Hat Er mir Frösche gefangen? Laich? Süßwasserpolypen? Cristatellum? Hat Er? Stoß Er mir nicht ans Mikroskop, ich habe den linken Backenzahn eines Infusoriums darunter. Aber (tritt auf ihn los) Er hat an die Wand gep—t! – Nein! ich ärgere mich nicht; ärgern ist ungesund, ist unwissenschaftlich! Ich bin ruhig, ganz ruhig, mein Puls hat seine gewöhnlichen 60, und ich sag's Ihm mit der größten Kaltblütigkeit. Behüte, wer wird sich über einen Menschen ärgern, einen Menschen! Wenn es noch ein Proteus wäre, der einem unpäßlich wird! Aber, Wozzeck, Er hätte doch nicht an die Wand p—n sollen!
Wozzeck. Sehn Sie, Herr Doktor, manchmal hat man so 'nen Charakter, so 'ne Struktur. – Aber mit der Natur ist's was anders, sehen Sie, mit der Natur (er kracht mit den Fingern), das ist so was, wie soll ich doch sagen – zum Beispiel –
Doktor. Wozzeck, Er philosophiert wieder!
Wozzeck. Ja, Herr Doktor, wenn die Natur aus ist...
Doktor. Was, wenn die Natur...
Wozzeck. ... die Natur aus ist, wenn die Welt so finster wird, daß man mit den Händen an ihr herumtappen muß, daß man meint, sie verrinnt wie ein Spinnengewebe. Ach, wenn was is und doch nicht is! Ach, Marie! Wenn alles

dunkel is und nur noch ein roter Schein im Westen, wie von einer Esse, an was soll man sich da halten? (Schreitet im Zimmer auf und ab.)
Doktor. Kerl! Er tastet mit seinen Füßen herum wie mit Spinnfüßen.
Wozzeck (vertraulich). Herr Doktor, haben Sie schon was von der doppelten Natur gesehen? Wenn die Sonne im Mittag steht, und es ist, als ging' die Welt im Feuer auf, hat schon eine fürchterliche Stimme zu mir geredet.
Doktor. Wozzeck, Er hat eine aberratio.
Wozzeck (legt den Finger an die Nase). Die Schwämme! Haben Sie schon die Ringe von den Schwämmen am Boden gesehen? Linienkreise – Figuren – da steckt's, da – wer das lesen könnte!
Doktor. Wozzeck, Er kommt ins Narrenhaus. Er hat eine schöne fixe Idee, eine köstliche aberratio mentalis partialis, zweite Spezies! Sehr schön ausgebildet! Wozzeck, Er kriegt noch mehr Zulage! Zweite Spezies: Fixe Idee bei allgemein vernünftigem Zustand! Er tut noch alles, wie sonst? rasiert seinen Hauptmann?
Wozzeck. Jawohl!
Doktor. Ißt seine Erbsen?
Wozzeck. Immer ordentlich, Herr Doktor! Das Geld für die Menage kriegt das Weib – – Darum tu ich's ja!
Doktor. Tut seinen Dienst?
Wozzeck. Jawohl!
Doktor. Er ist ein interessanter Kasus! Er kriegt noch einen Groschen Zulage die Woche. Wozzeck, halt Er sich nur brav! Seh Er mich an: was muß Er tun?

Wozzeck (stöhnend). Die Marie...
Doktor. Erbsen essen, dann Hammelfleisch essen, sein Gewehr putzen, dazwischen die fixe Idee pflegen. O meine Theorie! O mein Ruhm! Ich werde unsterblich! Unsterblich!
Wozzeck. Ja! die Marie... und der arme Wurm.
Doktor. Unsterblich, Wozzeck! Zeig Er die Zunge!

Öffentlicher Platz. Buden
Volk. Wozzeck. Marie.

Alter Mann und Kind (tanzen und singen):
 Auf der Welt ist kein Bestand,
 Wir müssen alle sterben, das ist uns wohlbekannt.
 Heissassa! Hopfsassa!
Wozzeck. He! Marie, lustig! Schöne Welt! Gelt?
Ausrufer (vor einer Bude). Meine Herren und Damen! Hier sind zu sehen das astronomische Pferd und der geographische Esel! Die Kreatur, wie sie Gott gemacht hat, ist nix, gar nix! Sehen Sie die Kunst! Schon der Affe hier! Geht aufrecht, hat Rock und Hosen, hat einen Säbel! He, Michel! mach Kompliment! So ist's brav. Gib Kuß. Da! (Der Affe trompetet.) Meine Herren und Damen! Hier sind zu sehen das historische Pferd und der philosophische Esel! Sind Favorits von allen Potentaten Europas, Afrikas, Australiens, Mitglieder von allen gelehrten Gesellschaften, waren früher Professoren an einer Universität. Der Esel sagt den Leuten alles, wie alt, wieviel Kinder, was für Krankheiten! Kein Schwindel, alles Erziehung! Der Esel hat eine viehische Vernunft, auch ver-

nünftige Viehigkeit, ist nicht viehdumm wie die Menschen, das geehrte Publikum abgerechnet. Der Aff geht aufrecht, schießt eine Pistole los, ist musikalisch. (Der Affe trompetet wieder.) Meine Herren und Damen! Hier sind zu sehen der astrologische Esel, das romantische Pferd, der militärische Affe! Hereinspaziert, meine Herrschaften, gleich ist der Anfang vom Anfang! Hereinspaziert, kost' einen Groschen!

Erster Zuschauer. Ich bin ein Freund vom Grotesken. Ich bin ein Atheist.

Zweiter Zuschauer. Ich bin ein christlich-dogmatischer Atheist. Ich muß den Esel sehen. (Gehen in die Bude.)

Wozzeck. Willst auch hinein?

Marie. Meinetwegen. Was der Mensch Quasten hat, und die Frau hat Hosen! Das muß ein schön Ding sein. (Gehen hinein.)

Das Innere der Bude

Ausrufer (den Esel produzierend). Zeig dein Talent! zeig deine viehische Vernünftigkeit! Beschäme die menschliche Société. Meine Herrschaften, das ist ein Esel, hat vier Hufe und einen Schweif und das sonstige Zubehör! War Professor an einer Universität, die Studenten haben bei ihm Reiten und Schlagen gelernt! Er hat einen einfachen Verstand und eine doppelte Raison. Was machst du, wenn du mit der doppelten Raison denkst? (Der Esel p—t.) Wenn du mit der doppelten Raison denkst?! Sage, ist unter der geehrten Société da ein Esel? (Der Esel schüttelt den Kopf.) Sehen Sie, das ist Vernunft. Was ist der Unterschied zwischen einem Menschen und einem Esel? Staub,

Sand, Dreck sind beide. Nur das Ausdrücken ist verschieden. Der Esel spricht mit dem Huf. Sag den Herrschaften, wieviel Uhr es ist! Wer von den Herrschaften hat eine Uhr?
Ein Zuschauer (reicht die seine). Hier!
Marie. Das muß ich sehen! (Klettert auf eine Bank.)
Wozzeck. — — — — — — — — — — — — — — — —
— — — — — — — — — — — — — — — — — — — —

Straße

Marie. Tambourmajor.

Tambourmajor. Marie.
Marie (ihn anschauend, mit Ausdruck). Geh einmal vor dich hin! – Über die Brust wie ein Rind und ein Bart wie ein Löwe. So ist keiner! – Ich bin stolz vor allen Weibern!
Tambourmajor. Wenn ich erst am Sonntag den großen Federbusch hab und die weißen Handschuh! Donnerwetter! Der Prinz sagt immer: Mensch! Er ist ein Kerl!
Marie (spöttisch). Ach was! (Tritt vor ihn hin.) Mann!
Tambourmajor. Und du bist auch ein Weibsbild! Sapperment! Wir wollen eine Zucht von Tambourmajors anlegen. He? (Er umfaßt sie.)
Marie. Laß mich!
Tambourmajor. Wildes Tier!
Marie (heftig). Rühr mich nicht an!
Tambourmajor. Sieht dir der Teufel aus den Augen?
Marie. Meinetwegen. Es ist alles eins! — — — — —
— — — — — — — — — — — — — — — — — — — —

Der Hof des Doktors

Studenten und Wozzeck unten. Der Doktor am Dachfenster.

Doktor. Meine Herren! ich bin auf dem Dache wie David, als er die Bathseba sah; aber ich sehe nichts, als die culs de Paris der Mädchenpension im Garten trocknen. Meine Herrn! wir sind an der wichtigen Frage über das Verhältnis des Subjekts zum Objekt. Wenn wir eins von den Dingen nehmen, worin sich die organische Selbst-Affirmation des Göttlichen auf einem so hohen Standpunkte manifestiert, und ihr Verhältnis zum Raum, zur Erde, zur Zeit untersuchen, meine Herren, wenn ich also diese Katze zum Fenster hinauswerfe, wie wird diese Wesenheit sich zum Gesetz der Gravitation und zum eigenen Instinkt verhalten? He, Wozzeck! (brüllt:) Wozzeck!

Wozzeck (hat die Katze aufgefangen). Herr Doktor, sie beißt!

Doktor. Kerl! Er greift die Bestie so zärtlich an, als wär's seine Großmutter.

Wozzeck. Herr Doktor, ich hab Zittern.

Doktor (ganz erfreut). Haha! schön, Wozzeck. (Reibt sich die Hände.)

Wozzeck. Mir wird dunkel!

Doktor (erscheint im Hofe, nimmt die Katze). Was seh ich, meine Herren? Eine neue Spezies Hasenlaus. Eine schönere Spezies als die bekannten. (Zieht eine Lupe heraus.) Hasenlaus, meine Herren! (Die Katze läuft fort.) Meine Herren! Das Tier hat keinen wissenschaftlichen Instinkt. Hasenlaus, die schönsten Exemplare, trägt es im Pelzwerk. – Meine Herrn! Sie können dafür was anderes sehen. Sehen Sie diesen Menschen! Seit einem Vierteljahr ißt

er nichts als Erbsen! Bemerken Sie die Wirkung – fühlen Sie einmal den ungleichen Puls, und dann die Augen –
Wozzeck. Herr Doktor, mir wird ganz dunkel! (Setzt sich.)
Doktor. Courage, Wozzeck! noch ein paar Tage, und dann ist's fertig. Fühlen Sie, meine Herren, fühlen Sie! (Die Studenten betasten dem Wozzeck Schläfen, Puls und Brust.) Apropos, Wozzeck, beweg Er vor den Herren doch einmal die Ohren! Ich hab's Ihnen schon zeigen wollen – zwei Muskeln sind dabei tätig. Allons! frisch!
Wozzeck. Ach, Herr Doktor!
Doktor. Bestie! Soll ich dir die Ohren bewegen? Willst du's machen wie die Katze? So, meine Herren, das sind so Übergänge zum Esel, häufig auch infolge weiblicher Erziehung und der Muttersprache. Wozzeck! Deine Haare hat die Mutter zum Abschied schön ausgerissen aus Zärtlichkeit. Sie sind ja ganz dünn geworden. Oder ist's erst seit ein paar Tagen, machen's die Erbsen? Ja, meine Herrn, die Erbsen, die Erbsen! Die Wissenschaft!

Stube

Marie (sitzt, ihr Kind auf dem Schoß, ein Stückchen Spiegel in der Hand. Bespiegelt sich.) Was die Steine glänzen! Was sind's für welche? Was hat er gesagt? – – Schlaf, Bub! Drück die Augen zu, fest! (Das Kind versteckt die Augen hinter den Händen.) Noch fester! Bleib so – still! oder er holt dich! (Singt:)

  Mädel, mach's Lädel zu!
  's kommt ein Zigeunerbu,
  Führt dich an seiner Hand
  Fort ins Zigeunerland.

(Spiegelt sich wieder.) 's ist gewiß Gold! Unsereins hat nur ein Eckchen in der Welt und ein Stückchen Spiegel, und doch hab ich einen so roten Mund, als die großen Madamen mit ihren Spiegeln von oben bis unten und ihren schönen Herren, die ihnen die Händ küssen – und ich bin nur ein arm Weibsbild! ... (Das Kind richtet sich auf.) Still, Bub, die Augen zu! Das Schlafengelchen! ... (sie blinkt mit dem Glas) ... wie's an der Wand läuft! – Die Augen zu, oder es sieht dir hinein, daß du blind wirst!
(Wozzeck tritt herein, hinter sie. Sie fährt auf, mit den Händen nach den Ohren.)
Wozzeck. Was hast da?
Marie. Nix!
Wozzeck. Unter deinen Fingern glänzt's ja.
Marie. Ein Ohrringlein – hab's gefunden –
Wozzeck. Ich hab so noch nix gefunden! – Zwei auf einmal!
Marie. Bin ich ein schlecht Mensch?
Wozzeck. 's ist gut, Marie. – Was der Bub schläft! Greif ihm unters Ärmchen, der Stuhl drückt ihn. Die hellen Tropfen stehen ihm auf der Stirn ... Alles Arbeit unter der Sonne, sogar Schweiß im Schlaf! Wir arme Leut! ... Da ist wieder Geld, Marie, die Löhnung und was von meinem Hauptmann und vom Doktor.
Marie. Gott vergelt's, Franz.
Wozzeck. Ich muß fort. Heut abend, Marie! Adies!
Marie (allein, nach einer Pause). Ich bin doch ein schlecht Mensch! Ich könnt mich erstechen. – Ach! Was Welt! Geht doch alles zum Teufel, Mann und Weib!

Straße

Hauptmann. Doktor.

Hauptmann. Wohin so eilig, geehrtester Herr Sargnagel?

Doktor. Wohin so langsam, geehrtester Herr Exerzizengel?

Hauptmann. Nehmen Sie sich Zeit! Laufen Sie nicht so! Uff!

Doktor. Pressiert! pressiert!

Hauptmann. Laufen Sie nicht! Ein guter Mensch geht nicht so schnell. (Heftig schnaufend.) Ein guter Mensch – ein guter – Sie hetzen sich ja hinter dem Tod drein – Sie machen mir angst!

Doktor. Ich stehle meine Zeit nicht.

Hauptmann. Ein guter Mensch – (Erwischt den Doktor beim Rock.) Herr Doktor, die Pferde machen mir ganz angst, wenn ich denke, daß die armen Bestien zu Fuß gehen müssen. [?] Rennen Sie nicht so, Herr Sargnagel! Rudern Sie mit dem Stock nicht so in der Luft! Sie schleifen ja Ihre Beine auf dem Pflaster ab. (Hält ihn fest.) Erlauben Sie, daß ich ein Menschenleben rette –

Doktor. Frau, in vier Wochen tot, cancer uteri. Habe schon zwanzig solche Patienten gehabt – in vier Wochen –

Hauptmann. Doktor! erschrecken Sie mich nicht, es sind schon Leute am Schreck gestorben, am puren hellen Schreck!

Doktor. In vier Wochen! – Gibt ein interessantes Präparat.

Hauptmann. Oh! Oh!

Doktor. Und Sie selbst? Hm! aufgedunsen, fett, dicker Hals, apoplektische Konstitution! Ja, Herr Hauptmann, Sie können eine apoplexia cerebri kriegen, Sie können sie aber vielleicht nur auf der einen Seite bekommen. Ja, Sie können nur auf der einen Seite gelähmt werden oder im besten Falle nur unten!
Hauptmann. Um Gottes ...
Doktor. Ja! das sind so ungefähr Ihre Aussichten auf die nächsten vier Wochen! Übrigens kann ich Sie versichern, daß Sie einen von den interessanten Fällen abgeben; und wenn Gott will, daß Ihre Zunge zum Teile gelähmt wird, so machen wir die unsterblichsten Experimente. (Will gehen.)
Hauptmann. Halt, Doktor! Ich lasse Sie nicht! Sargnagel! Totenfreund! in vier Wochen? Es sind schon Leute am puren Schreck – Doktor! Ich sehe schon die Leute mit den Zitronen in den Händen, aber sie werden sagen: er war ein guter Mensch, (gerührt:) ein guter Mensch –
Doktor (tut, als hätte er ihn just bemerkt, schwenkt den Hut). Ei! guten Morgen, Herr Hauptmann! (Hält ihm den Hut hin.) Was ist das? Herr Hauptmann, das ist – Hohlkopf!
Hauptmann (macht am Rock eine Falte). Und was ist das, Herr Doktor? Das ist Einfalt. Hahaha! Aber nichts für ungut! Ich bin ein guter Mensch, aber ich kann auch, wenn ich will! Herr Doktor, ich sag Ihnen, wenn ich will –
Wozzeck (geht rasch vorbei, salutiert).
Hauptmann. He! Wozzeck! Was hetzt Er sich so an uns vorbei? Bleib Er doch, Wozzeck! Er läuft ja wie ein offenes Rasiermesser durch die Welt, man schneidet

sich an Ihm! Er läuft, als hätte Er ein Regiment Katzenschweife zu rasieren, und würde gehenkt, solange noch ein letztes Haar – Aber über die langen Bärte – was wollte ich doch sagen – die langen Bärte –

Doktor. Ein langer Bart unter dem Kinn – schon Plinius spricht davon – man muß es den Soldaten abgewöhnen –

Hauptmann. Ha, die langen Bärte! Was ist's, Wozzeck? Hat Er nicht ein Haar aus einem Bart in seiner Schüssel gefunden? Haha! – Er versteht mich doch? Ein Haar von einem Menschen! Vom Bart eines Sappeurs – oder eines Unteroffiziers – oder eines Tambourmajors. He, Wozzeck? Aber Er hat ein braves Weib, he?

Wozzeck. Jawohl! Was wollen Sie damit sagen, Herr Hauptmann?!

Hauptmann. Was der Kerl ein Gesicht macht! Nun, haha! wenn auch nicht gerade in der Suppe, aber wenn Er sich eilt und um die Ecke geht, so kann Er vielleicht noch auf einem Paar Lippen eins finden – ein Haar nämlich! Übrigens ein Paar Lippen, Wozzeck, ein Paar Lippen! – oh! ich habe auch einmal die Liebe gefühlt! – Aber, Kerl, Er ist ja kreideweiß!

Wozzeck. Herr Hauptmann, ich bin ein armer Teufel! Hab sonst nichts auf der Welt! Herr Hauptmann, wenn Sie Spaß machen –

Hauptmann. Spaß ich? Daß dich! Spaß? Kerl –

Doktor. Den Puls, Wozzeck! Klein, hart, hüpfend –

Wozzeck. Herr Hauptmann! Die Erd ist manchem höllenheiß – die Hölle ist kalt dagegen –

Hauptmann. Kerl, will Er sich erschießen? Er sticht

mich mit seinen Augen! Ich mein's gut mit ihm, weil er ein guter Mensch ist, Wozzeck, ein guter Mensch!
Doktor. Gesichtsmuskeln starr, gespannt, Auge stier. Hm!
Wozzeck. Ich geh – es ist viel möglich! Der Mensch – es ist viel möglich! Ja oder nein? Gott im Himmel! Man könnt Lust bekommen, einen Kloben hineinzuschlagen und sich dran aufzuhängen. Dann wüßt man, woran man ist! Ja oder nein? (Geht rasch ab.)
Doktor. Er ist ein Phänomen, dieser Wozzeck!
Hauptmann. Mir wird ganz schwindlig von dem Menschen! Wie der lange Schlingel läuft und sein Schatten hinterdrein! Und so verzweifelt! Das hab ich nicht gerne! Ein guter Mensch ist dankbar gegen Gott. Ein guter Mensch hat auch keine Courage. Nur ein Hundsfott hat Courage! Ich bin auch manchmal schwermütig; ich hab in meiner Natur so was Schwärmerisches, ich muß immer weinen, wenn ich meinen Rock an der Wand hängen sehe! Aber der Mensch ist dazu da, um seinen Schöpfer zu preisen und sich in der Liebe zum Leben zu befestigen. Nur ein Hundsfott hat Courage! Nur ein Hundsfott!

Mariens Stube
Wozzeck. Marie.

Marie. Guten Tag, Franz.
Wozzeck (sieht sie starr an und schüttelt den Kopf). Hm! ich seh nichts, ich seh nichts. O, man müßt's sehn, man müßt's greifen können mit Fäusten!
Marie. Was hast, Franz?
Wozzeck (wie früher). Bist du's noch, Marie?! – Eine

Sünde, so dick und breit – das müßt stinken, daß man die Engelchen zum Himmel hinausräuchern könnt! Aber du hast einen roten Mund, Marie! einen roten Mund – keine Blase drauf?

Marie. Du bist hirnwütig, Franz! ich fürcht mich ...

Wozzeck. Du bist schön – „wie die Sünde". Aber kann die Todsünde so schön sein, Marie? (Auffahrend:) Da! – Hat er da gestanden? so? so?

Marie. Ich kann den Leuten die Gasse nicht verbieten ...

Wozzeck. Teufel! Hat er da gestanden?

Marie. Dieweil der Tag lang und die Welt alt ist, können viel Menschen an einem Platze stehen, einer nach dem andern.

Wozzeck. Ich hab ihn gesehen!

Marie. Man kann viel sehen, wenn man zwei Augen hat, und wenn man nicht blind ist, und wenn die Sonn scheint.

Wozzeck. Du bei ihm!

Marie (keck). Und wenn auch!

Wozzeck (geht auf sie los). Mensch!

Marie. Rühr mich nicht an! Lieber ein Messer in den Leib, als eine Hand auf mich! Mein Vater hat's nicht gewagt, wie ich zehn Jahr alt war ...

Wozzeck (sieht sie starr an, läßt langsam die Hand sinken). Lieber ein Messer! (Nach einer Pause, scheu flüsternd:) Der Mensch ist ein Abgrund, es schwindelt einem, wenn man hinunterschaut ... Mich schwindelt ...

Die Wachtstube
Wozzeck. Andres.

Andres (singt:)
> Frau Wirtin hat eine brave Magd,
> Sie sitzt im Garten Tag und Nacht,
> Sie sitzt in ihrem Garten –

Wozzeck. Andres!
Andres. Nu?
Wozzeck. Was meinst, wo sie ... Schön Wetter!
Andres. Sonntagswetter! Musik vor der Stadt. Vorhin sind die Weibsbilder hin ... Tanz ... die Bursche dampfen, das geht!
Wozzeck (unruhig). Tanz, Andres? sie tanzen?
Andres. Im Rößl und im Stern.
Wozzeck. Wo glaubst, wo sie – ich muß sehen, wo sie tanzen!
Andres. Meinetwegen. (Singt:)
> Sie sitzt in ihrem Garten,
> Bis daß das Glöcklein zwölfe schlägt,
> Und paßt auf die Soldaten.

Wozzeck. Andres, ich hab keine Ruh.
Andres. Narr!
Wozzeck. Ich muß hinaus. Es dreht sich mir vor den Augen. Tanz! Wird sie heiß haben! Verdammt! – Adies!
Andres. Was willst du?
Wozzeck. Ich muß fort, muß sehen.
Andres. Wegen dem Mensch?
Wozzeck. Hinaus, hinaus!

Wirtshaus
Abend. Fenster offen. Tanz. Bursche. Soldaten. Mägde. Bänke vor dem Haus.

Erster Handwerksbursche (singt:)
 Ich hab ein Hemblein an, das ist nicht mein,
 Meine Seele stinket nach Branntewein!

Zweiter Handwerksbursche. Vergißmeinnicht! Freundschaft! Bruder, soll ich dir aus Freundschaft ein Loch in die Natur machen? Bruder! ich will ein Loch in deine Natur machen, ich will dir alle Flöh am Leib totschlagen. Bruder! ich bin auch ein Kerl, du weißt –

Erster Handwerksbursche. Meine Seele, meine unsterbliche Seele stinket nach Branntewein! Sie stinket, und ich weiß nicht warum. Warum ist die Welt! Selbst das Geld geht in Verwesung über! Der Teufel soll den lieben Herrgott holen! Bruder, ich muß ein Regenfaß voll greinen!

Zweiter Handwerksbursche. Vergißmeinnicht! Warum ist die Welt so schön! – Ich wollt, unsere Nasen wären zwei Bouteillen, und wir könnten sie uns einander in den Hals gießen. Die ganze Welt ist rosenrot! Branntwein! das ist ein Leben!

Erster Handwerksbursche. Meine Seele stinket, oh! ich lieg mir selbst im Weg und muß über mich springen! Das ist traurig!

(Wozzeck stellt sich ans Fenster, blickt hinein. Marie und der Tambourmajor tanzen vorbei, ohne ihn zu bemerken.)

Wozzeck. Er! Sie! Teufel!

Marie (im Vorbeitanzen). Immer zu! Immer zu!

Wozzeck. Immer zu – immer zu! (Sinkt auf die Bank vor dem Hause.) Immer zu! (Schlägt die Hände ineinander.) Dreht euch, wälzt euch)! Warum löscht Gott nicht die Sonne aus! Alles wälzt sich in Unzucht übereinander! Mann und Weib und Mensch und Vieh! Sie tun's am hellen Tag, sie tun's schier einem auf den Händen, wie die Mücken. Weib! Weib! Immer zu! (Fährt heftig auf.) Wie er an ihr herumgreift! An ihrem Leib! Und sie lacht dazu! Verdammt! Ich –

Bursche (drinnen singen im Chor:)
  Ein Jäger aus der Pfalz
  Ritt einst durch einen grünen Wald.
  Halli, hallo! Halli, hallo!
  Ja lustig ist die Jägerei
  Allhie auf grüner Heid.
  Das Jagen ist mein Freud.

Andere Bursche (singen:)
  O Tochter, meine Tochter –
  Was hat sie gedenkt,
  Daß sie sich an die Kutscher
  Und die Schiffsleut hat gehängt?!

(Soldaten gehen hinaus an Wozzeck vorbei.)

Ein Soldat (zu Wozzeck). Was machst du? –
Wozzeck. Wieviel Uhr?
Soldat. Elf Uhr!
Wozzeck. So? Ich meint, es müßt später sein! Die Zeit wird einem lang bei der Kurzweil –
Soldat. Was sitzest du da vor der Tür?
Wozzeck. Ich sitz gut da. Es sind manche Leut nah an der Tür und wissen's nicht, bis man sie zur Tür hinausträgt, die Füß voran!
Soldat. Du sitzest hart.

Wozzeck. Gut sitz ich, und im kühlen Grab da lieg ich dann noch besser –
Soldat. Bist besoffen?
Wozzeck. Nein! Leider! Brings nit zusamm!
Erster Handwerksbursche (drinnen, hat sich auf den Tisch gestellt und predigt). Jedoch, wenn ein Wanderer, der gelehnt steht an dem Strom der Zeit oder aber sich die göttliche Weisheit beantwortet [?] und fraget: Warum ist der Mensch? – Aber wahrlich, geliebte Zuhörer, ich sage euch, es ist gut so, denn von was hätten der Landmann, der Faßbinder, der Schneider, der Arzt leben sollen, wenn Gott den Menschen nicht geschaffen hätte? Von was hätte der Schneider leben sollen, wenn er nicht dem Menschen die Empfindung der Schamhaftigkeit eingepflanzt hätte? von was der Soldat und der Wirt, wenn er ihn nicht mit dem Bedürfnis des Totschlagens und der Feuchtigkeit ausgerüstet hätte? Darum zweifelt nicht, Geliebteste, ja! ja! es ist alles lieblich und fein – aber alles Irdische ist eitel, selbst das Geld geht in Verwesung über, und meine unsterbliche Seele stinket sehr nach Branntewein. Zum Schluß, meine geliebten Zuhörer, lasset uns noch übers Kreuz p—n, damit ein Jud stirbt!
Wozzeck. Sie hat rote Backen, und er einen schönen Bart! Warum nicht? Warum also nicht?
Ein Irrsinniger (drängt sich neben Wozzeck aus Fenster). Lustig, lustig, aber es riecht –
Wozzeck. Narr, was willst du?
Irrsinniger. Ich riech, ich riech Blut!
Wozzeck. Blut! Ha, Blut! Mir wird rot vor den Augen. Mir ist, als wälzten sie sich alle in einem Meer von Blut übereinander.

Freies Feld
Nacht. Wozzeck.

Wozzeck. Immer zu! Immer zu! Still, Musik! Ha! was, was sagt ihr? So - lauter! lauter! Jetzt hör ich's. Stich - stich die Zickwölfin tot! - Stich - stich - die - Zickwölfin tot! - Soll ich? - muß ich? - Ich hör's immer, immer zu! - stich tot - tot! - Da unten aus dem Boden heraus spricht's, und die Pappeln sprechen's - stich tot - stich! -

Kaserne
Nacht. Andres und Wozzeck schlafen in einem Bett.

Wozzeck (fährt auf). Andres! Andres! ich kann nicht schlafen! Wenn ich die Augen zumach, dann seh ich sie doch immer, und ich hör die Geigen immerzu, immerzu! Und dann spricht's aus der Wand heraus - hörst du nix, Andres? Und das geigt und springt!

Andres (murmelt). Ja! - laß sie tan - zen -

Wozzeck. Und dazwischen blitzt's mir immer vor den Augen wie ein Messer! wie ein breites Messer, und bald liegt's auf einem Tisch in einem Laden in einer dunklen Gass', und bald hab ich's in der Hand und - oh!

Andres. Schlaf, Narr!

Wozzeck. Und führe uns nicht in Versuchung! Mein Herr und Gott: Und führe uns nicht in Versuchung, Amen!

Kasernenhof
Tambourmajor. Andres. Wozzeck (abseit).

Tambourmajor. Ich bin ein Mann! Ich hab ein Weibsbild, ich sag Ihm, ein Weibsbild! - Zur Zucht von

Tambourmajors! Ein Busen und Schenkel! Und alles fest! Die Augen wie glühende Kohlen. Ein Weibsbild, sag ich Ihm ...
Andres. He! He! Wer is es denn?
Tambourmajor. Frag Er den Wozzeck da! Hehe! Ich bin ein Mann, ein Mann! (Ab.)
Wozzeck (zu Andres). Er hat von mir geredt? Was hat er gesagt?
Andres. Ich sollt dich fragen, wer sein Mensch ist. Hätt ein prächtig Weibsbild – die hätt Schenkel –
Wozzeck (ganz kalt). So? Hat er das gesagt? Was hat mir heut nacht geträumt, Andres? War's nicht von einem Messer? – Was man doch närrische Träume hat! Oder kluge Träume? (Will fort.)
Andres. Wohin, Kamerad?
Wozzeck. Meinem Hauptmann Wein holen. Ach! Andres, sie war doch ein einzig Mädel!
Andres. Wer war? War? Ist nicht mehr?
Wozzeck. Wird bald nicht mehr sein. Adies!

Mariens Stube

Marie (allein, blättert in der Bibel:) „Und ist kein Betrug in seinem Munde erfunden worden" ... Herrgott, Herrgott! Sieh mich nicht an! (Blättert weiter:) „Aber die Pharisäer brachten ein Weib zu ihm, so im Ehebruch lebte und stelleten sie vor ihn." (Liest murmelnd weiter, dann mit gehobener Stimme:) „Jesus aber sprach: So verdamme ich dich auch nicht, geh hin, und sündige hinfort nicht mehr." (Schlägt die Hände zusammen.) Herrgott! Herrgott! – ich kann nicht! – Herrgott, gib mir nur so viel, daß ich beten kann! (Das Kind drängt sich an sie.) Der Bub gibt mir einen Stich ins Herz. Fort! Das brüst' sich in der Sonne! Nein, komm, komm her! (Beginnt zu erzählen:) Es war einmal ein König. Der Herr König hatt eine goldene Kron und eine Frau Königin und ein klein Büblein. Und was aßen sie alle? – Sie aßen alle Leberwürst ... Der Franz ist nit gekommen, gestern nit, heut nit ... Mir wird heiß, heiß! (Reißt das Fenster auf.) Wie steht es geschrieben von der Magdalena – wie steht es geschrieben? ... „Und kniete hin zu seinen Füßen und weinte und küßte seine Füße und netzte sie mit Tränen und salbte sie mit Salben" ... (Schlägt sich auf die Brust.) Heiland! ich möchte dir die Füße salben – Heiland, du hast dich ihrer erbarmt, erbarme dich auch meiner! – – – – – – – – – – – – – – – – –

Kramladen

Wozzeck. Ein Jude.

Wozzeck. Das Pistölchen ist zu teuer.
Jude. Nu, kauft's nur – gaude War! Kauft's nit? Was anders?
Wozzeck. Was kost' das Messer?
Jude. Zwei Gulden! 's ist gaub! a gaubs Messer. Wollt Ihr Euch den Hals mit abschneiden? Nun, was is? Ich geb's Euch so wohlfeil wie ein anderer! Ihr sollt Eueren Tod wohlfeil haben, aber doch nicht umsonst. Ihr kauft's? Nu?
Wozzeck. Das kann mehr als Brot schneiden –
Jude. Ja, Herrche!

Wozzeck. Da! (Wirft das Geld hin, nimmt das Messer; ab.)
Jude. Da! Hihi! Als ob's nix wär! Und 's is doch Geld. Hihi!

Straße

Sonntag nachmittags. Marie vor der Haustür, ihr Kind auf dem Arm. Neben ihr eine alte Frau. Kinder spielen auf der Straße.

Kleine Mädchen (gehen paarweise und singen:)
    Wie heute schön die Sonne scheint,
    Wie steht das Korn im Blühn!
    Sie gingen über die Wiese hin,
    Sie gingen zwei und zwei.
    Die Pfeifer gingen vorne,
    Die Geiger hinterdrein,
    Sie hatten alle rote Schuh
    Und gingen immer zu.

Erstes Mädchen (tritt aus der Reihe). Was anderes!
Alle. Was anderes! Was?
Erstes Mädchen. Ich weiß nit. Was anderes!
Marie. Kommt – alle im Kreis (singt, die Kinder singen nach und drehen sich:)
    Ringel, Ringel, Rosenkranz,
    Ringel, Ringel!

Erstes Mädchen (zur alten Frau). Großmutter, warum scheint heute die Sonn?
Alte Frau. Darum!
Erstes Mädchen. Aber warum – darum?
Zweites Mädchen. Großmutter, erzählt was!
Marie. Ja, erzählt was, Base.
Alte Frau (erzählt). Es war einmal ein arm Kind und hatt' keinen Vater und keine Mutter – war alles tot und

war niemand auf der Welt, und es hat gehungert und geweint Tag und Nacht. Und weil es niemand mehr hatt' auf der Welt, wollt's in den Himmel gehn. Und der Mond guckt es so freundlich an; und wie's endlich zum Mond kommt, ist's ein Stück faul Holz. Da wollt's zur Sonne gehn, und die Sonn guckt es so freundlich an; und wie's endlich zur Sonne kommt, ist's ein verwelkt Sonnblümlein. Da wollt's zu den Sternen gehn, und die Sterne gucken es so freundlich an; und wie's endlich zu den Sternen kommt, da sind's goldene Mücklein, die sind aufgespießt auf Schlehendörner und sterben. Da wollt das Kind wieder zur Erde; aber wie's zur Erde kam, da war die Erde ein umgestürzt Häfchen. Und so war das Kind ganz allein und hat sich hingesetzt und hat geweint: Hab nicht Vater noch Mutter, hab nicht Sonne, Mond und Sterne und nicht die Erde. Und da sitzt es noch und ist ganz allein.

Marie (drückt angstvoll ihr Kind an die Brust). Ach! wenn ich tot bin! Bas', sie hat mir das Herz schwer gemacht. Mein armer Wurm! Wenn ich tot bin!

Kaserne

Andres. Wozzeck (kramt in seinen Sachen).

Wozzeck. Das Kamisölchen, Andres, gehört nit zur Montur. Du kannst's brauchen, Andres! Das Kreuz ist meiner Schwester und das Ringlein. Ich hab auch noch zwei Herzen, schön Gold. Das da lag in meiner Mutter Bibel, und da steht:

Leiden sei all mein Gewinst,
Leiden sei mein Gottesdienst.

Herr! wie dein Leib ward rot und wund,
So laß mein Herz sein alle Stund.

Andres (ganz starr, sieht ihn verwundert an, schüttelt den Kopf, sagt zu allem): Jawohl!

Wozzeck (zieht ein Papier hervor). Johann Franz Wozzeck, Wehrmann und Füselier im 2. Regiment, 2. Bataillon 4. Kompagnie, geboren Mariä Verkündigung 20. Juli (murmelt die Jahreszahl). Ich bin heut alt dreißig Jahr, sieben Monat und zwölf Tag.

Andres. Franz, du kommst ins Lazarett. Du mußt Schnaps trinken und Pulver drin, das töt' das Fieber.

Wozzeck. Ja, Andres, wenn der Schreiner die Hobelspäne sammelt, da weiß niemand, wer seinen Kopf darauf legen wird.

Waldweg am Teich
(Es dunkelt.)
Wozzeck. Marie.

Marie. Dort links geht's in die Stadt. 's ist noch weit. Komm schneller!

Wozzeck. Du sollst dableiben, Marie! Komm, setz dich!

Marie. Aber ich muß fort.

Wozzeck. Komm! (Sie setzen sich.) Bist weit gegangen, Marie. Sollst dir die Füße nicht mehr wund laufen. 's ist still hier! Und so dunkel! – Weißt noch, Marie, wie lang es jetzt ist, daß wir uns kennen?

Marie. Zu Pfingsten drei Jahr.

Wozzeck. Und was meinst, wie lang es noch dauern wird?

Marie (springt auf). Ich muß fort.

Wozzeck. Fürchst dich, Marie? Und bist doch fromm? (Lacht.) Und gut! Und treu! (Zieht sie wieder auf den Sitz.)

Fürchst dich? – Was du für süße Lippen hast, Marie! (Küßt sie.) Den Himmel gäb ich drum und die Seligkeit, wenn ich dich noch oft so küssen dürft! Aber ich darf nicht! – Was zitterst?

Marie. Der Nachttau fällt.

Wozzeck (flüstert vor sich hin). Wer kalt ist, den friert nicht mehr! Dich wird beim Morgentau nicht frieren. – Aber mich! Ach! es muß sein!

Marie. Was sagst du da?

Wozzeck. Nix. (Langes Schweigen.)

Marie. Wie der Mond rot aufgeht!

Wozzeck. Wie ein blutig Eisen! (Zieht ein Messer.)

Marie. Was zitterst so? (Springt auf.) Was willst?

Wozzeck. Ich nicht, Marie! und kein anderer auch nicht! (Stößt ihr das Messer in den Hals.)

Marie. Hilfe! Hilfe! (Sie sinkt nieder.)

Wozzeck. Tot! (Beugt sich über sie.) Tot! Mörder! Mörder! (Stürzt davon.)

Wirtshaus

Bursche, Dirnen, Tanz. Wozzeck (abseit an einem Tische).

Wozzeck. Tanzt alle! tanzt nur zu, springt, schwitzt und stinkt, es holt euch doch noch einmal alle der Teufel! (Leert sein Glas, singt:)

> Es ritten drei Reiter wohl an den Rhein,
> Bei einer Frau Wirtin da kehrten sie ein.
> Mein Wein ist gut, mein Bier ist klar,
> Mein Töchterlein liegt auf der –

Verdammt! (Springt auf.) He, Käthe! (Tanzt mit ihr.) Komm, setz dich! (Führt sie an seinen Tisch.) Ich hab heiß, heiß! (Zieht

den Rock aus.) 's ist einmal so! Der Teufel holt die einen und läßt die andern laufen. Käthe, du bist heiß! Wart nur, wirst auch noch kalt werden! Kannst nicht singen?
Käthe (singt:)
    Ins Schwabenland, da mag ich nit,
    Und lange Kleider trag ich nit,
    Denn lange Kleider, spitze Schuh
    Die kommen keiner Dienstmagd zu.
Wozzeck. Nein, keine Schuh! man kann auch bloßfüßig in die Höll gehn! (Singt:)
    O pfui mein Schatz, das war nicht fein!
    Behalt den Taler und schlaf allein!
Ich möcht heut raufen - raufen -
Käthe. Aber was hast du da an der Hand?
Wozzeck. Ich? ich?
Käthe. Rot! Blut!
    (Es stellen sich Leute um sie.)
Wozzeck. Blut? Blut?
Wirtin. Freilich - Blut.
Wozzeck. Ich glaub, ich hab mich - geschnitten, da an der - rechten - Hand -
Wirtin. Wie kommt's aber an den Ellenbogen?
Wozzeck. Ich hab's abgewischt.
Wirtin. Mit der rechten Hand am rechten Arm?
Bauer. Puh! was stinkt da Menschenblut!
Wozzeck (springt auf). Was wollt ihr? Was geht's euch an? Bin ich ein Mörder? Was gafft ihr? Platz - oder es geht jemand zum Teufel! (Stürzt hinaus.)

Waldweg am Teich
Nacht. Wozzeck (kommt herangewankt).

Das Messer! – Wo ist das Messer? – Ich hab's da gelassen. – Näher, noch näher! – Mir graut's – Da regt sich was, still! – Alles still und tot. – Mörder! Mörder! Ha! da ruft's. Nein – ich selbst. (Stößt auf die Leiche.) Marie! Marie! Was hast du für eine rote Schnur um den Hals? Hast bir das rote Halsband verdient, wie die Ohrringlein, mit deiner Sünde! Was hängen dir die schwarzen Haare so wild –?! – Mörder! – Mörder! – Sie werden nach mir suchen. Das Messer verrät mich! Da, da ist's – – Leute! – – fort!

(Am Teich.)

So! da hinunter! (Wirft das Messer hinein.) Es taucht ins dunkle Wasser wie ein Stein. Aber der Mond verrät mich – der Mond ist blutig. Will denn die ganze Welt es ausplaudern?! – Das Messer, es liegt zu weit vorn, sie finden's beim Baden oder wenn sie nach Muscheln tauchen. (Geht in den Teich hinein.) Ich find's nicht. Aber ich muß mich waschen. Ich bin blutig. Da ein Fleck – und noch einer. Weh! weh! ich wasche mich mit Blut – das Wasser ist Blut . . . Blut . . . (Ertrinkt.)

(Es kommen Leute.)

Erster Bürger. Halt!
Zweiter Bürger. Hörst du? Dort!
Erster Bürger. Jesus, das war ein Ton!
Zweiter Bürger. Es ist das Wasser im Teich. Das Wasser ruft. Es ist schon lange niemand ertrunken. Komm! – es ist nicht gut zu hören.

Erster Bürger. Das stöhnt - als stürbe ein Mensch. Hans, da ertrinkt jemand!
Zweiter Bürger. Unheimlich! Der Mond rot und die Nebel grau. Hörst? - jetzt wieder das Ächzen!
Erster Bürger. Stiller - jetzt ganz still. Komm! komm schnell! (Eilen der Stadt zu.)

Früher Morgen. Vor Mariens Haustür
Kinder (spielen und lärmen).
Erstes Kind. Du, Margret! - die Marie ...
Zweites Kind. Was is?
Erstes Kind. Weißt es nit? Sie sind schon alle 'naus.
Drittes Kind (zu Mariens Knaben). Du! Dein' Mutter ist tot!
Der Knabe (auf der Schwelle reitend). Hei! Hei! Hopp! Hopp!
Erstes Kind. Wo is sie denn?
Zweites Kind. Drauß' liegt sie, am Weg, neben dem Teich.
Erstes Kind. Kommt - anschaun! (Laufen davon.)
Der Knabe. Hei! Hei! Hopp! Hopp!

Sezierfaal
Chirurg. Arzt. Richter.
Richter. Ein guter Mord, ein echter Mord, ein schöner Mord! so schön, als man ihn nur verlangen kann. Wir haben schon lange keinen so schönen gehabt!
Arzt. -

Lenz

Den 20. ging Lenz durchs Gebirg. Die Gipfel und hohen Bergflächen im Schnee, die Täler hinunter graues Gestein, grüne Flächen, Felsen und Tannen.

Es war naßkalt, das Wasser rieselte die Felsen hinunter und sprang über den Weg. Die Äste der Tannen hingen schwer herab in die feuchte Luft. Am Himmel zogen graue Wolken, aber alles so dicht – und dann dampfte der Nebel herauf und strich schwer und feucht durch das Gesträuch, so träg, so plump.

Er ging gleichgültig weiter, es lag ihm nichts am Weg, bald auf- bald abwärts. Müdigkeit spürte er keine, nur war es ihm manchmal unangenehm, daß er nicht auf dem Kopfe gehen konnte.

Anfangs drängte es ihm in der Brust, wenn das Gestein so wegsprang, der graue Wald sich unter ihm schüttelte und der Nebel die Formen bald verschlang, bald die gewaltigen Glieder halb enthüllte; es drängte in ihm, er suchte nach etwas, wie nach verlornen Träumen, aber er fand nichts. Es war ihm alles so klein, so nahe, so naß. Er hätte die Erde hinter den Ofen setzen mögen, er begriff nicht, daß er so viel Zeit brauchte, um einen Abhang hinunter zu klimmen, einen fernen Punkt zu erreichen; er meinte, er müsse alles mit ein paar Schritten ausmessen können. Nur manchmal, wenn der Sturm das Gewölk in die Täler warf, und es den Wald herauf dampfte, und die Stimmen an den Felsen wach wurden, bald wie fern verhallende Donner, und dann gewaltig heranbrausten, in Tönen, als wollten sie in ihrem wilden Jubel die Erde besingen, und die Wolken wie wilde, wiehernde Rosse heransprengten, und der Sonnenschein dazwischen durchging und kam und sein blitzendes

Schwert an den Schneeflächen zog, so daß ein helles, blendendes Licht über die Gipfel in die Täler schnitt; oder wenn der Sturm das Gewölk abwärts trieb und einen lichtblauen See hineinriß und dann der Wind verhallte und tief unten aus den Schluchten, aus den Wipfeln der Tannen wie ein Wiegenlied und Glockengeläute heraufsummte, und am tiefen Blau ein leises Rot hinaufklomm, und kleine Wölkchen auf silbernen Flügeln durchzogen, und alle Berggipfel scharf und fest, weit über das Land hin glänzten und blitzten — riß es ihm in der Brust, er stand keuchend, den Leib vorwärts gebogen, Augen und Mund weit offen, er meinte, er müsse den Sturm in sich ziehen, alles in sich fassen, er dehnte sich aus und lag über der Erde, er wühlte sich in das All hinein, es war eine Lust, die ihm wehe tat; oder er stand still und legte das Haupt ins Moos und schloß die Augen halb, und dann zog es weit von ihm, die Erde wich unter ihm, sie wurde klein wie ein wandelnder Stern und tauchte sich in einen brausenden Strom, der seine klare Flut unter ihm zog. Aber es waren nur Augenblicke; und dann erhob er sich nüchtern, fest, ruhig, als wäre ein Schattenspiel vor ihm vorübergezogen - er wußte von nichts mehr.

Gegen Abend kam er auf die Höhe des Gebirgs, auf das Schneefeld, von wo man wieder hinabstieg in die Ebene nach Westen; er setzte sich oben nieder. Es war gegen Abend ruhiger geworden; das Gewölk lag fest und unbeweglich am Himmel; soweit der Blick reichte, nichts als Gipfel, von denen sich breite Flächen hinabzogen, und alles so still, grau, dämmernd. Es wurde ihm entsetzlich einsam, er war allein, ganz allein. Er wollte mit sich sprechen, aber er konnte nicht, er wagte kaum zu atmen; das Biegen seines Fußes tönte wie Donner unter ihm, er mußte sich niedersetzen. Es faßte ihn eine namenlose Angst in diesem Nichts, er war im Leeren! Er riß sich auf und flog den Abhang hinunter.

Es war finster geworden, Himmel und Erde verschmolzen in eins. Es war, als ginge ihm was nach und als müsse ihn was Entsetzliches erreichen, etwas, das Menschen nicht ertragen können, als jage der Wahnsinn auf Rossen hinter ihm.

Endlich hörte er Stimmen; er sah Lichter, es wurde ihm leichter. Man sagte ihm, er hätte noch eine halbe Stunde nach Waldbach.

Er ging durch das Dorf. Die Lichter schienen durch die Fenster, er sah hinein im Vorbeigehen: Kinder am Tische, alte Weiber, Mädchen, alles ruhige, stille Gesichter. Es war ihm, als müsse das Licht von ihnen ausstrahlen; es ward ihm leicht, er war bald in Waldbach im Pfarrhause.

Man saß am Tisch, er hinein; die blonden Locken hingen ihm um das bleiche Gesicht, es zuckte ihm in den Augen und um den Mund, seine Kleider waren zerrissen.

Oberlin hieß ihn willkommen, er hielt ihn für einen Handwerker: „Sein Sie mir willkommen, obschon Sie mir unbekannt." „Ich bin ein Freund von . . . und bringe Ihnen Grüße von ihm." „Der Name, wenn's beliebt?" „Lenz." „Ha, ha, ha, ist er nicht gedruckt? Habe ich nicht einige Dramen gelesen, die einem Herrn dieses Namens zugeschrieben werden?" „Ja, aber belieben Sie, mich nicht darnach zu beurteilen."

Man sprach weiter, er suchte nach Worten und erzählte rasch, aber auf der Folter; nach und nach wurde er ruhig durch das heimliche Zimmer und die stillen Gesichter, die aus dem Schatten hervortraten: das helle Kindergesicht, auf dem alles Licht zu ruhen schien und das neugierig, vertraulich aufschaute, bis zur Mutter, die hinten im Schatten engelgleich stille saß. Er fing an zu erzählen, von seiner Heimat, er zeichnete allerhand Trachten; man drängte sich teilnehmend um ihn, er war gleich zu Haus. Sein blasses Kindergesicht, das jetzt lächelte, sein lebendiges Erzählen! Er wurde ruhig; es war ihm, als träten alte Gestalten, vergessene Gesichter wieder aus dem Dunkeln, alte Lieder wachten auf, er war weg, weit weg.

Endlich war es Zeit zum Gehen. Man führte ihn über die Straße, das Pfarrhaus war zu eng, man gab ihm ein Zimmer im Schulhause. Er ging hinauf. Es war kalt oben, eine weite Stube, leer, ein hohes Bett im Hintergrund. Er stellte das Licht auf den Tisch und ging auf und ab. Er besann sich wieder auf den Tag, wie er hergekommen, wo er war. Das Zimmer im Pfarrhause mit seinen Lichtern und lieben Gesichtern, es war ihm wie ein Schatten, ein Traum, und es wurde ihm leer wieder wie auf dem Berg; aber er konnte es mit nichts mehr ausfüllen, das Licht war erloschen, die Finsternis verschlang alles. Eine unnennbare Angst erfaßte ihn. Er sprang auf, er lief durchs Zimmer, die Treppe hinunter, vors Haus; aber umsonst, alles finster, nichts – er war sich selbst ein Traum. Einzelne Gedanken huschten auf, er hielt sie fest; es war ihm, als müsse er immer „Vater unser" sagen. Er konnte sich nicht mehr finden. Ein dunkler Instinkt trieb ihn, sich zu retten; er stieß an die Steine, er riß sich mit den Nägeln. Der Schmerz fing an, ihm das Bewußtsein wiederzugeben; er stürzte sich in den Brunnenstein, aber das Wasser war nicht tief, er patschte darin.

Da kamen Leute; man hatte es gehört, man rief ihm zu. Oberlin kam gelaufen. Lenz war wieder zu sich gekommen, das ganze Bewußtsein seiner Lage stand vor ihm, es war ihm wieder leicht. Jetzt schämte er sich und war betrübt, daß er den guten Leuten angst gemacht; er sagte ihnen, daß er gewohnt sei, kalt zu baden, und ging wieder hinauf; die Erschöpfung ließ ihn endlich ruhen.

Den andern Tag ging es gut. Mit Oberlin zu Pferde durch das Tal: breite Bergflächen, die aus großer Höhe sich in ein schmales, gewundenes Tal zusammenzogen, das in mannigfachen Richtungen sich hoch an den Bergen hinaufzog; große Felsenmassen, die sich nach unten ausbreiteten, wenig Wald, aber alles im grauen, ernsten Anflug, eine Aussicht nach Westen in das Land hinein und auf die Bergkette, die sich gerade hinunter nach Süden und Norden zog und deren Gipfel gewaltig, ernsthaft oder schweigend still, wie ein dämmernder Traum, standen. Gewaltige Lichtmassen, die manchmal aus den Tälern wie ein goldner Strom schwollen, dann wieder Gewölk, das an dem höchsten Gipfel lag und dann langsam den Wald herab in das Tal klomm oder in den Sonnenblitzen sich wie ein fliegendes, silbernes Gespenst herabsenkte und hob; kein Lärm, keine Bewegung, kein Vogel, nichts als das bald nahe, bald ferne Wehen des Windes. Auch erschienen Punkte, Gerippe von Hütten, Bretter mit Stroh gedeckt, von schwarzer, ernster Farbe. Die Leute, schwei=

gend und ernst, als wagten sie die Ruhe ihres Tales nicht zu stören, grüßten ruhig, wie sie vorbeiritten.

In den Hütten war es lebendig: man drängte sich um Oberlin, er wies zurecht, gab Rat, tröstete; überall zutrauensvolle Blicke, Gebet. Die Leute erzählten Träume, Ahnungen. Dann rasch ins praktische Leben: Wege angelegt, Kanäle gegraben, die Schule besucht.

Oberlin war unermüdlich, Lenz fortwährend sein Begleiter, bald in Gespräch, bald tätig am Geschäft, bald in die Natur versunken. Es wirkte alles wohltätig und beruhigend auf ihn. Er mußte Oberlin oft in die Augen sehen, und die mächtige Ruhe, die uns über der ruhenden Natur, im tiefen Wald, in mondhellen, schmelzenden Sommernächten überfällt, schien ihm noch näher in diesem ruhigen Auge, diesem ehrwürdigen ernsten Gesicht. Er war schüchtern; aber er machte Bemerkungen, er sprach. Oberlin war sein Gespräch sehr angenehm, und das anmutige Kindergesicht Lenzens machte ihm große Freude.

Aber nur solange das Licht im Tale lag, war es ihm erträglich; gegen Abend befiel ihn eine sonderbare Angst, er hätte der Sonne nachlaufen mögen. Wie die Gegenstände nach und nach schattiger wurden, kam ihm alles so traumartig, so zuwider vor; es kam ihm die Angst an wie Kindern, die im Dunkeln schlafen, es war ihm, als sei er blind. Jetzt wuchs sie, der Alp des Wahnsinns setzte sich zu seinen Füßen, der rettungslose Gedanke, als sei alles nur sein Traum, öffnete sich vor ihm, er klammerte sich an alle Gegenstände. Gestalten zogen rasch an ihm vorbei, er drängte sich an sie; es waren Schatten, das Leben wich aus ihm, und seine Glieder waren ganz starr. Er sprach, er sang, er rezitierte Stellen aus Shakespeare, er griff nach allem, was sein Blut sonst hatte rascher fließen machen, er versuchte alles, aber kalt, kalt! Er mußte dann hinaus ins Freie. Das wenige, durch die Nacht zerstreute Licht, wenn seine Augen an die Dunkelheit gewöhnt waren, machte ihm besser; er stürzte sich in den Brunnen, die grelle Wirkung des Wassers machte ihm besser; auch hatte er eine geheime Hoffnung auf eine Krankheit – er verrichtete sein Bad jetzt mit weniger Geräusch.

Doch jemehr er sich in das Leben hineinlebte, ward er ruhiger. Er unterstützte Oberlin, zeichnete, las die Bibel; alte, vergangene Hoffnungen gingen in ihm auf; das Neue Testament trat ihm hier so entgegen – und eines Morgens ging er hinaus. Wie Oberlin ihm erzählte, wie ihn eine unaufhaltsame Hand auf der Brücke gehalten hätte, wie auf der Höhe ein Glanz seine Augen geblendet hätte, wie er eine Stimme gehört hätte, wie es in der Nacht mit ihm gesprochen und wie Gott so ganz bei ihm eingekehrt, daß er kindlich seine Lose aus der Tasche holte, um zu wissen, was er tun sollte: dieser Glaube, dieser ewige Himmel im Leben, dieses Sein in Gott – jetzt erst ging ihm die Heilige Schrift auf. Wie den Leuten die Natur so nah trat, alles in himmlischen Mysterien; aber nicht gewaltsam majestätisch, sondern noch vertraut!

Er ging des Morgens hinaus. Die Nacht war Schnee gefallen, im Tale lag heller Sonnenschein, aber weiterhin die Landschaft halb im Nebel. Er kam bald vom Wege ab und eine sanfte Höhe hinauf, keine Spur von Fußtritten mehr, neben einem Tannenwalde hin; die Sonne schnitt

Kristalle, der Schnee war leicht und flockig, hie und da Spur von Wild leicht auf dem Schnee, die sich ins Gebirg hinzog. Keine Regung in der Luft als ein leises Wehen, als das Rauschen eines Vogels, der die Flocken leicht vom Schwanze stäubte. Alles so still, und die Bäume weithin mit schwankenden weißen Federn in der tiefblauen Luft. Es wurde ihm heimlich nach und nach. Die einförmigen, gewaltigen Flächen und Linien, vor denen es ihm manchmal war, als ob sie ihn mit gewaltigen Tönen anredeten, waren verhüllt, ein heimliches Weihnachtsgefühl beschlich ihn; er meinte manchmal, seine Mutter müsse hinter einem Baume hervortreten, groß, und ihm sagen, sie hätte ihm dieses alles beschert. Wie er hinunterging, sah er, daß um seinen Schatten sich ein Regenbogen von Strahlen legte; es wurde ihm, als hätte ihn was an der Stirn berührt, das Wesen sprach ihn an. Er kam hinunter. Oberlin war im Zimmer, Lenz kam heiter auf ihn zu und sagte ihm, er möge wohl einmal predigen. „Sind Sie Theologe?" „Ja!" „Gut, nächsten Sonntag."

Lenz ging vergnügt auf sein Zimmer. Er dachte auf einen Text zum Predigen und verfiel in Sinnen, und seine Nächte wurden ruhig. Der Sonntagmorgen kam, es war Tauwetter eingefallen. Vorüberstreifende Wolken, Blau dazwischen. Die Kirche lag neben, am Berge hinauf, auf einem Vorsprunge, der Kirchhof drumherum. Lenz stand oben, als die Glocke läutete und die Kirchengänger, die Weiber und Mädchen in ihrer ernsten schwarzen Tracht, das weiße gefaltete Schnupftuch auf dem Gesangbuch und den Rosmarinzweig, von den verschiedenen Seiten die schmalen Pfade zwischen den Felsen herauf- und herabkamen. Ein Sonnenblick lag manchmal über dem Tal, die laue Luft regte sich langsam, die Landschaft schwamm im Duft, fernes Geläute – es war, als löste sich alles in eine harmonische Welle auf.

Auf dem kleinen Kirchhof war der Schnee weg, dunkles Moos unter den schwarzen Kreuzen; ein verspäteter Rosenstrauch lehnte an der Kirchhofmauer, verspätete Blumen dazu unter dem Moose hervor; manchmal Sonne, dann wieder dunkel. Die Kirche fing an, die Menschenstimmen begegneten sich im reinen hellen Klang; ein Eindruck, als schaue man in reines, durchsichtiges Bergwasser. Der Gesang verhallte. Lenz sprach. Er war schüchtern; unter den Tönen hatte sein Starrkrampf sich ganz gelegt, sein ganzer Schmerz wachte jetzt auf und legte sich in sein Herz. Ein süßes Gefühl unendlichen Wohls beschlich ihn. Er sprach einfach mit den Leuten, sie litten alle mit ihm; und es war ihm ein Trost, wenn er über einige müdgeweinte Augen Schlaf und gequälten Herzen Ruhe bringen, wenn er über dieses von materiellen Bedürfnissen gequälte Sein, diese dumpfen Leiden gen Himmel leiten konnte. Er war fester geworden, wie er schloß – da fingen die Stimmen wieder an:

    Laß in mir die heilgen Schmerzen,
    Tiefe Bronnen ganz aufbrechen;
    Leiden sei all mein Gewinst,
    Leiden sei mein Gottesdienst.

Das Drängen in ihm, die Musik, der Schmerz erschütterte ihn. Das All war für ihn in Wunden; er fühlte tiefen, unnennbaren Schmerz davon. Jetzt ein anderes Sein: göttliche, zuckende Lippen bückten sich über ihm aus und sogen sich an seine Lippen; er ging auf sein einsames Zimmer. Er war allein, allein! Da rauschte die Quelle, Ströme brachen aus seinen Augen, er krümmte sich in sich, es zuckten seine Glieder, es war ihm, als müsse er sich auflösen, er konnte kein Ende finden der Wollust. Endlich dämmerte es in ihm, er empfand ein leises tiefes Mitleid mit sich selbst, er weinte über sich, sein Haupt sank auf die Brust, er schlief ein. Der Vollmond stand am Himmel; die Locken fielen ihm über die Schläfe und das Gesicht, die Tränen hingen ihm an den Wimpern und trockneten auf den Wangen – so lag er nun da allein, und alles war ruhig und still und kalt, und der Mond schien die ganze Nacht und stand über den Bergen.

Am folgenden Morgen kam er herunter, er erzählte Oberlin ganz ruhig, wie ihm die Nacht seine Mutter erschienen sei: Sie sei in einem weißen Kleid aus der dunkeln Kirchhofmauer hervorgetreten und habe eine weiße und eine rote Rose an der Brust stecken gehabt; sie sei dann in eine Ecke gesunken, und die Rosen seien langsam über sie gewachsen, sie sei gewiß tot; er sei ganz ruhig darüber. Oberlin versetzte ihm nun, wie er bei dem Tode seines Vaters allein auf dem Felde gewesen sei und er dann eine Stimme gehört habe, so daß er wußte, daß sein Vater tot sei; und wie er heimgekommen, sei es so gewesen. Das führte sie weiter, Oberlin sprach noch von den Leuten im Gebirge, von Mädchen, die das Wasser und Metall unter der Erde fühlten, von Männern, die auf manchen Berghöhen angefaßt würden und mit einem Geiste rängen; er sagte ihm auch, wie er einmal im Gebirge durch das Schauen in ein leeres tiefes Bergwasser in eine Art von

Somnambulismus versetzt worden sei. Lenz sagte, daß der Geist des Wassers über ihn gekommen sei, daß er dann etwas von seinem eigentümlichen Sein empfunden hätte. Er fuhr weiter fort: Die einfachste, reinste Natur hinge am nächsten mit der elementarischen zusammen; je feiner der Mensch geistig fühlte und lebte, um so abge= stumpfter würde dieser elementarische Sinn; er halte ihn nicht für einen hohen Zustand, er sei nicht selbständig ge= nug, aber er meine, es müsse ein unendliches Wonnege= fühl sein, so von dem eigentümlichen Leben jeder Form berührt zu werden, für Gesteine, Metalle, Wasser und Pflanzen eine Seele zu haben, so traumartig jedes Wesen in der Natur in sich aufzunehmen, wie die Blumen mit dem Zu= und Abnehmen des Mondes die Luft.

Er sprach sich selbst weiter aus: wie in allem eine un= aussprechliche Harmonie, ein Ton, eine Seligkeit sei, die in den höheren Formen mit mehr Organen aus sich her= ausgriffe, tönte, auffaßte und dafür aber auch um so tiefer affiziert würde; wie in den niedrigen Formen alles zurück= gedrängter, beschränkter, dafür aber auch die Ruhe in sich größer sei. Er verfolgte das noch weiter. Oberlin brach es ab, es führte ihn zu weit von seiner einfachen Art ab. Ein andermal zeigte ihm Oberlin Farbentäfelchen, er setzte ihm auseinander, in welcher Beziehung jede Farbe mit dem Menschen stände; er brachte zwölf Apostel heraus, deren jeder durch eine Farbe repräsentiert würde. Lenz faßte das auf, er spann die Sache weiter, kam in ängstliche Träume, fing an, wie Stilling, die Apokalypse zu lesen, und las viel in der Bibel.

Um diese Zeit kam Kaufmann mit seiner Braut ins

Steintal. Lenzen war anfangs das Zusammentreffen unangenehm; er hatte sich so ein Plätzchen zurechtgemacht, das bißchen Ruhe war ihm so kostbar – und jetzt kam ihm jemand entgegen, der ihn an so vieles erinnerte, mit dem er sprechen, reden mußte, der seine Verhältnisse kannte. Oberlin wußte von allem nichts; er hatte ihn aufgenommen, gepflegt; er sah es als eine Schickung Gottes, der den Unglücklichen ihm zugesandt hätte, er liebte ihn herzlich. Auch war es allen notwendig, daß er da war; er gehörte zu ihnen, als wäre er schon längst da, und niemand frug, woher er gekommen und wohin er gehen werde.

Über Tisch war Lenz wieder in guter Stimmung, man sprach von Literatur, er war auf seinem Gebiete. Die idealistische Periode fing damals an, Kaufmann war ein Anhänger davon, Lenz widersprach heftig. Er sagte: Die Dichter, von denen man sage, sie geben die Wirklichkeit, hätten auch keine Ahnung davon, doch seien sie immer noch erträglicher als die, welche die Wirklichkeit verklären wollten. Er sagte: Der liebe Gott hat die Welt wohl gemacht, wie sie sein soll, und wir können wohl nicht was Besseres klecksen, unser einziges Bestreben soll sein, ihm ein wenig nachzuschaffen. Ich verlange in allem – Leben, Möglichkeit des Daseins, und dann ist's gut; wir haben dann nicht zu fragen, ob es schön, ob es häßlich ist. Das Gefühl, daß, was geschaffen sei, Leben habe, stehe über diesen beiden und sei das einzige Kriterium in Kunstsachen. Übrigens begegne es uns nur selten: in Shakespeare finden wir es, und in den Volksliedern tönt es einem ganz, in Goethe manchmal entgegen; alles übrige kann man ins Feuer werfen. Die Leute können auch keinen

Hundsstall zeichnen. Da wollte man idealistische Gestalten, aber alles, was ich davon gesehen, sind Holzpuppen. Dieser Idealismus ist die schmählichste Verachtung der menschlichen Natur. Man versuche es einmal und senke sich in das Leben des Geringsten und gebe es wieder in den Zuckungen, den Andeutungen, dem ganzen feinen, kaum bemerkten Mienenspiel; er hätte dergleichen versucht im „Hofmeister" und den „Soldaten". Es sind die prosaischsten Menschen unter der Sonne, aber die Gefühlsader ist in fast allen Menschen gleich; nur ist die Hülle mehr oder weniger dicht, durch die sie brechen muß. Man muß nur Aug und Ohren dafür haben. Wie ich gestern neben am Tale hinaufging, sah ich auf einem Steine zwei Mädchen sitzen: die eine band ihre Haare auf, die andere half ihr; das goldne Haar hing herab, ein ernstes bleiches Gesicht, und doch so jung, und die schwarze Tracht, und die andre so sorgsam bemüht. Die schönsten, innigsten Bilder der altdeutschen Schule geben kaum eine Ahnung davon. Man möchte manchmal ein Medusenhaupt sein, um so eine Gruppe in Stein verwandeln zu können, und den Leuten zurufen. Sie standen auf, die schöne Gruppe war zerstört; aber wie sie so hinabstiegen zwischen den Felsen, war es wieder ein anderes Bild. Die schönsten Bilder, die schwellendsten Töne gruppieren, lösen sich auf.

Nur eins bleibt: eine unendliche Schönheit, die aus einer Form in die andere tritt, ewig aufgeblättert, verändert. Man kann sie aber freilich nicht immer festhalten und in Museen stellen und auf Noten ziehen, und dann alt und jung herbeirufen, und die Buben und Alten darüber radotieren und sich entzücken lassen. Man muß die Menschheit leben, um in das eigentümliche Wesen jedes einzubringen; es darf einem keiner zu gering, keiner zu häßlich sein, erst dann kann man sie verstehen; das unbedeutendste Gesicht macht einen tieferen Eindruck als die bloße Empfindung des Schönen, und man kann die Gestalten aus sich heraustreten lassen, ohne etwas vom Äußeren hinein zu kopieren, wo einem kein Leben, keine Muskeln, kein Puls entgegenschwillt und pocht.

Kaufmann warf ihm vor, daß er in der Wirklichkeit doch keine Typen für einen Apoll von Belvedere oder eine Raffaelische Madonna finden würde. Was liegt daran, versetzte er; ich muß gestehen, ich fühle mich dabei sehr tot. Wenn ich in mir arbeite, kann ich auch wohl was dabei fühlen, aber ich tue das Beste daran. Der Dichter und Bildende ist mir der liebste, der mir die Natur am wirklichsten gibt, so daß ich über seinem Gebild fühle; alles übrige stört mich. Die holländischen Maler sind mir lieber als die italienischen, sie sind auch die einzigen faßlichen. Ich kenne nur zwei Bilder, und zwar von Niederländern, die mir einen Eindruck gemacht hätten wie das Neue Testament: das eine ist, ich weiß nicht von wem, Christus und die Jünger von Emmaus. Wenn man so liest, wie die Jünger hinausgingen, es liegt gleich die ganze Natur in den paar Worten. Es ist ein trüber, dämmernder Abend, ein einförmiger roter Streifen am Horizont, halbfinster auf der Straße; da kommt ein Unbekannter zu ihnen, sie sprechen, er bricht das Brot; da erkennen sie ihn, in einfach-menschlicher Art, und die göttlich-leidenden Züge reden ihnen deutlich, und sie erschrecken, denn es ist finster geworden, und es tritt sie etwas Unbegreifliches an; aber es ist kein gespenstisches Grauen, es ist, wie wenn einem ein geliebter Toter in der Dämmerung in der alten Art entgegenträte: so ist das Bild mit dem einförmigen, bräunlichen Ton darüber, dem trüben stillen Abend. Dann ein anderes: Eine Frau sitzt in ihrer Kammer, das Gebetbuch in der Hand. Es ist sonntäglich aufgeputzt, der Sand zerstreut, so heimlich, rein und warm. Die Frau hat nicht zur Kirche gekonnt, und sie verrichtet die Andacht zu Haus; das Fenster ist offen, sie sitzt darnach hingewandt, und es ist, als schwebten zu dem Fenster über die weite ebne Landschaft die Glockentöne von dem Dorfe herein und verhallte der Sang der nahen Gemeinde aus der Kirche her, und die Frau liest den Text nach. —

In der Art sprach Lenz weiter; man horchte auf, es traf vieles. Er war rot geworden über den Reden, und bald lächelnd, bald ernst, schüttelte er die blonden Locken. Er hatte sich ganz vergessen.

Nach dem Essen nahm ihn Kaufmann beiseite. Er hatte Briefe von Lenzens Vater erhalten, sein Sohn sollte zurück, ihn unterstützen. Kaufmann sagte ihm, wie er sein Leben hier verschleudre, unnütz verliere, er solle sich ein Ziel stecken und dergleichen mehr. Lenz fuhr ihn an: „Hier weg, weg? nach Haus? Toll werden dort? Du weißt, ich kann es nirgends aushalten, als da herum, in der Gegend. Wenn ich nicht manchmal auf einen Berg könnte und die Gegend sehen könnte, und dann wieder herunter ins Haus, durch den Garten gehn und zum Fenster hineinsehn – ich würde toll! toll! Laßt mich doch in Ruhe! Nur ein bißchen Ruhe jetzt, wo es mir ein wenig wohl wird! Weg? Ich verstehe das nicht, mit den zwei [?] Worten ist die Welt verhunzt. Jeder hat was nötig; wenn er ruhen kann, was könnt er mehr haben! Immer steigen, ringen und so in Ewigkeit alles, was der Augenblick gibt, wegwerfen und immer darben, um einmal zu genießen! Dürsten, während einem helle Quellen über den Weg springen! Es ist mir jetzt erträglich, und da will ich bleiben. Warum? warum? Eben weil es mir wohl ist. Was will mein Vater? kann er mir geben? Unmöglich! Laßt mich in Ruhe!" – Er wurde heftig, Kaufmann ging, Lenz war verstimmt.

Am folgenden Tage wollte Kaufmann weg. Er beredete Oberlin, mit ihm in die Schweiz zu gehen. Der Wunsch, Lavater, den er längst durch Briefe kannte, auch persönlich kennen zu lernen, bestimmte ihn. Er sagte es zu. Man mußte einen Tag länger wegen der Zurüstungen warten. Lenz fiel das aufs Herz. Er hatte, um seiner unendlichen Qual los zu werden, sich ängstlich an alles geklammert. Er fühlte in einzelnen Augenblicken tief, wie er sich alles nur zurechtmache; er ging mit sich um wie mit einem kranken Kinde. Manche Gedanken, mächtige Gefühle wurde er nur mit der größten Angst los; da trieb es ihn wieder mit unendlicher Gewalt darauf, er zitterte, das Haar sträubte ihm fast, bis er es in der ungeheuersten Anspannung erschöpfte. Er rettete sich in eine Gestalt, die ihm immer vor Augen schwebte, und in Oberlin; seine Worte, sein Gesicht taten ihm unendlich wohl. So sah er mit Angst dessen Abreise entgegen.

Es war Lenzen unheimlich, jetzt allein im Hause zu bleiben. Das Wetter war milde geworden, er beschloß, Oberlin zu begleiten, ins Gebirg. Auf der andern Seite, wo die Täler in die Ebene ausliefen, trennten sie sich. Er ging allein zurück. Er durchstrich das Gebirg in verschiedenen Richtungen. Breite Flächen zogen sich in die Täler herab, wenig Wald, nichts als gewaltige Linien und weiter hinaus die weite, rauchende Ebene; in der Luft ein gewaltiges Wehen, nirgends eine Spur von Menschen, als hie und da eine verlassene Hütte, wo die Hirten den Sommer zubrachten, an den Abhängen gelehnt. Er wurde still, vielleicht fast träumend; es verschmolz ihm alles in eine Linie, wie eine steigende und sinkende Welle zwischen Himmel und Erde, es war ihm, als läge er an einem unendlichen Meer, das leise auf und ab wogte. Manchmal saß er; dann ging er wieder, aber langsam träumend. Er suchte keinen Weg.

Es war finster Abend, als er an eine bewohnte Hütte kam, im Abhange nach dem Steintal. Die Türe war verschlossen, er ging ans Fenster, durch das ein Lichtschimmer fiel. Eine Lampe erhellte fast nur einen Punkt: ihr Licht fiel auf das bleiche Gesicht eines Mädchens, das mit halb geöffneten Augen, leise die Lippen bewegend, dahinter ruhte. Weiter weg im Dunkel saß ein altes Weib, das mit schnarrender Stimme aus einem Gesangbuche sang. Nach langem Klopfen öffnete sie; sie war halb taub. Sie trug Lenz einiges Essen auf und wies ihm eine Schlafstelle an, wobei sie beständig ihr Lied fortsang. Das Mädchen hatte sich nicht gerührt. Einige Zeit darauf kam ein Mann herein; er war lang und hager, Spuren von grauen Haaren, mit unruhigem verwirrtem Gesicht. Er trat zum Mädchen, sie zuckte auf und wurde unruhig. Er nahm ein getrocknetes Kraut von der Wand und legte ihr die Blätter auf die Hand, so daß sie ruhiger wurde und verständliche Worte in langsam ziehenden, durchschneidenden Tönen summte. Er erzählte, wie er eine Stimme im Gebirge gehört und dann über den Tälern ein Wetterleuchten gesehen habe; auch habe es ihn angefaßt, und er habe damit gerungen wie Jakob. Er warf sich nieder und betete leise mit Inbrunst, während die Kranke in einem langsam ziehenden, leise verhallenden Tone sang. Dann gab er sich zur Ruhe.

Lenz schlummerte träumend ein, und dann hörte er im Schlafe, wie die Uhr pickte. Durch das leise Singen des Mädchens und die Stimme der Alten zugleich tönte das Sausen des Windes, bald näher, bald ferner, und der bald helle, bald verhüllte Mond warf sein wechselndes Licht traumartig in die Stube. Einmal wurden die Töne lauter, das Mädchen redete deutlich und bestimmt: sie sagte, wie auf der Klippe gegenüber eine Kirche stehe. Lenz sah auf, und sie saß mit weitgeöffneten Augen aufrecht hinter dem Tisch, und der Mond warf sein stilles Licht auf ihre Züge, von denen ein unheimlicher Glanz zu strahlen schien; zugleich schnarrte die Alte, und über diesem Wechseln und Sinken des Lichts, den Tönen und Stimmen schlief endlich Lenz tief ein.

Er erwachte früh. In der dämmernden Stube schlief alles, auch das Mädchen war ruhig geworden. Sie lag zurückgelehnt, die Hände gefaltet unter der linken Wange; das Geisterhafte aus ihren Zügen war verschwunden, sie hatte jetzt einen Ausdruck unbeschreiblichen Leidens. Er trat ans Fenster und öffnete es, die kalte Morgenluft schlug ihm entgegen. Das Haus lag am Ende eines schmalen, tiefen Tales, das sich nach Osten öffnete; rote Strahlen schossen durch den grauen Morgenhimmel in das dämmernde Tal, das im weißen Rauch lag, und funkelten am grauen Gestein und trafen in die Fenster der Hütten. Der Mann erwachte. Seine Augen trafen auf ein erleuchtet Bild an der Wand, sie richteten sich fest und starr darauf; nun fing er an, die Lippen zu bewegen, und betete leise, dann laut und immer lauter. Indem kamen Leute zur Hütte herein, sie warfen sich schweigend nieder. Das Mädchen lag in Zuckungen, die Alte schnarrte ihr Lied und plauderte mit den Nachbarn. Die Leute erzählten Lenzen, der Mann sei vor langer Zeit in die Gegend gekommen, man wisse nicht woher; er stehe im Ruf eines Heiligen, er sehe das Wasser unter der Erde und könne Geister beschwören, und man wallfahre zu ihm. Lenz erfuhr zugleich, daß er weiter vom Steintal abgekommen; er ging weg mit einigen Holzhauern, die in die Gegend gingen. Es tat ihm wohl, Gesellschaft zu finden; es war ihm jetzt unheimlich mit dem gewaltigen Menschen, von dem es ihm manchmal war, als rede er in entsetzlichen Tönen. Auch fürchtete er sich vor sich selbst in der Einsamkeit.

Er kam heim. Doch hatte die verflossene Nacht einen gewaltigen Eindruck auf ihn gemacht. Die Welt war ihm helle gewesen, und er spürte an sich ein Regen und Wimmeln nach einem Abgrunde, zu dem ihn eine unerbittliche Gewalt hinriß. Er wühlte jetzt in sich. Er aß wenig; halbe Nächte im Gebet und fieberhaften Träumen. Ein gewaltsames Drängen, und dann erschöpft zurückgeschlagen; er lag in den heißesten Tränen, und dann bekam er plötzlich eine Stärke und erhob sich kalt und gleichgültig, seine Tränen waren ihm dann wie Eis, er mußte lachen. Je höher er sich aufriß, desto tiefer stürzte er hinunter. Alles strömte wieder zusammen. Ahnungen von seinem alten Zustande durchzuckten ihn und warfen Streiflichter in das wüste Chaos seines Geistes.

Des Tags saß er gewöhnlich unten im Zimmer. Madame Oberlin ging ab und zu, er zeichnete, malte, las, griff nach jeder Zerstreuung, alles hastig von einem zum andern. Doch schloß er sich jetzt besonders an Madame Oberlin an, wenn sie so dasaß, das schwarze Gesangbuch vor sich, neben einer Pflanze, im Zimmer gezogen, das jüngste Kind zwischen den Knien; auch machte er sich viel mit dem Kinde zu schaffen. So saß er einmal, da wurde ihm ängstlich, er sprang auf, ging auf und ab. Die Türe halb offen – da hörte er die Magd singen, erst unverständlich, dann kamen die Worte:

Auf dieser Welt hab ich kein Freud,
Ich hab mein Schatz, und der ist weit.

Das fiel auf ihn, er verging fast unter den Tönen. Madame Oberlin sah ihn an. Er faßte sich ein Herz, er konnte nicht mehr schweigen, er mußte davon sprechen. „Beste Madame Oberlin, können Sie mir nicht sagen, was das Frauenzimmer macht, dessen Schicksal mir so zentnerschwer auf dem Herzen liegt?" „Aber Herr Lenz, ich weiß von nichts."

Er schwieg dann wieder und ging hastig im Zimmer auf und ab; dann fing er wieder an: „Sehen Sie, ich will gehen; Gott, Sie sind noch die einzigen Menschen, wo ich's aushalten könnte, und doch – doch, ich muß weg, zu ihr – aber ich kann nicht, ich darf nicht." – Er war heftig bewegt und ging hinaus.

Gegen Abend kam Lenz wieder, es dämmerte in der Stube; er setzte sich neben Madame Oberlin. „Sehen Sie," fing er wieder an, „wenn sie so durchs Zimmer ging und so halb für sich allein sang, und jeder Tritt war eine Musik, es war so eine Glückseligkeit in ihr, und das strömte in mich über, ich war immer ruhig, wenn ich sie ansah oder sie so den Kopf an mich lehnte, und Gott! Gott – ich war schon lange nicht mehr ruhig ... Ganz Kind; es war, als wär ihr die Welt zu weit, sie zog sich so in sich zurück, sie suchte das engste Plätzchen im ganzen Haus, und da saß sie, als wäre ihre ganze Seligkeit nur in einem kleinen Punkt, und dann war mir's auch so; wie ein Kind hätte ich dann spielen können. Jetzt ist es mir so eng, so eng! Sehen Sie, es ist mir manchmal, als stieß ich mit den Händen an den Himmel; o ich ersticke! Es ist mir dabei oft, als fühlt ich physischen Schmerz, da in der linken Seite, im Arm, womit ich sie sonst faßte. Doch kann ich sie mir nicht mehr vorstellen, das Bild läuft mir fort, und dies martert mich; nur wenn es mir manchmal ganz hell wird, so ist mir wieder recht wohl." – Er sprach später noch oft mit Madame Oberlin davon, aber meist in abgebrochenen Sätzen; sie wußte wenig zu antworten, doch tat es ihm wohl.

Unterdessen ging es fort mit seinen religiösen Quälereien. Je leerer, je kälter, je sterbender er sich innerlich fühlte, desto mehr drängte es ihn, eine Glut in sich zu wecken; es kamen ihm Erinnerungen an die Zeiten, wo alles in ihm sich drängte, wo er unter all seinen Empfindungen keuchte. Und jetzt so tot! Er verzweifelte an sich selbst; dann warf er sich nieder, er rang die Hände, er rührte alles in sich auf – aber tot! Dann flehte er, Gott möge ein Zeichen an ihm tun; dann wühlte er in sich, fastete, lag träumend am Boden.

Am dritten Hornung hörte er, ein Kind in Fouday sei gestorben; er faßte es auf wie eine fixe Idee. Er zog sich in sein Zimmer und fastete einen Tag. Am vierten trat er plötzlich ins Zimmer zu Madame Oberlin; er hatte sich das Gesicht mit Asche beschmiert und forderte einen alten Sack. Sie erschrak; man gab ihm, was er verlangte. Er wickelte den Sack um sich wie ein Büßender und schlug den Weg nach Fouday ein. Die Leute im Tale waren ihn schon gewohnt; man erzählte sich allerlei Seltsames von ihm. Er kam ins Haus, wo das Kind lag. Die Leute gingen gleichgültig ihrem Geschäfte nach; man wies ihm eine Kammer, das Kind lag im Hemde auf Stroh, auf einem Holztisch.

Lenz schauderte, wie er die kalten Glieder berührte und die halbgeöffneten gläsernen Augen sah. Das Kind kam ihm so verlassen vor, und er sich so allein und einsam. Er warf sich über die Leiche nieder. Der Tod erschreckte ihn, ein heftiger Schmerz faßte ihn an: diese Züge, dieses stille Gesicht sollten verwesen – er warf sich nieder, er betete mit allem Jammer der Verzweiflung, daß Gott ein Zeichen an ihm tue und das Kind beleben möge, wie er schwach und unglücklich sei; dann sank er ganz in sich und wühlte all seinen Willen auf einen Punkt. So saß er lange starr. Dann erhob er sich und faßte die Hände des Kindes und sprach laut und fest: „Stehe auf und wandle!" Aber die Wände hallten ihm nüchtern den Ton nach, daß es zu spotten schien, und die Leiche blieb kalt. Da stürzte er halb wahnsinnig nieder; dann jagte es ihn auf, hinaus ins Gebirg.

Wolken zogen rasch über den Mond; bald alles im Finstern, bald zeigten sie die nebelhaft verschwindende Landschaft im Mondschein. Er rannte auf und ab. In seiner Brust war ein Triumphgesang der Hölle. Der Wind klang wie ein Titanenlied. Es war ihm, als könne er eine ungeheure Faust hinauf in den Himmel ballen und Gott herbeireißen und zwischen seinen Wolken schleifen; als könnte er die Welt mit den Zähnen zermalmen und sie dem Schöpfer ins Gesicht speien; er schwur, er lästerte. So kam er auf die Höhe des Gebirges, und das ungewisse Licht dehnte sich hinunter, wo die weißen Steinmassen lagen, und der Himmel war ein dummes blaues Auge, und der Mond stand ganz lächerlich drin, einfältig. Lenz mußte laut lachen, und mit dem Lachen griff der Atheismus in ihn und faßte ihn ganz sicher und ruhig und fest. Er wußte nicht mehr, was ihn vorhin so bewegt hatte, es fror ihn; er dachte, er wolle jetzt zu Bette gehn, und er ging kalt und unerschütterlich durch das unheimliche Dunkel – es war ihm alles leer und hohl, er mußte laufen und ging zu Bette.

Am folgenden Tage befiel ihn ein großes Grauen vor seinem gestrigen Zustand. Er stand nun am Abgrunde, wo eine wahnsinnige Lust ihn trieb, immer wieder hineinzuschauen und sich diese Qual zu wiederholen. Dann steigerte sich seine Angst, die Sünde und der Heilige Geist standen vor ihm.

Einige Tage darauf kam Oberlin aus der Schweiz zurück, viel früher, als man es erwartet hatte. Lenz war darüber betroffen. Doch wurde er heiter, als Oberlin ihm von seinen Freunden im Elsaß erzählte. Oberlin ging dabei im Zimmer hin und her und packte aus, legte hin. Dabei erzählte er von Pfeffel, das Leben eines Landgeistlichen glücklich preisend. Dabei ermahnte er ihn, sich in den Wunsch seines Vaters zu fügen, seinem Berufe gemäß zu leben, heimzukehren. Er sagte ihm: Ehre Vater und Mutter, und dergleichen mehr. Über dem Gespräch geriet Lenz in heftige Unruhe; er stieß tiefe Seufzer aus, Tränen drangen ihm aus den Augen, er sprach abgebrochen. „Ja, ich halt es aber nicht aus; wollen Sie mich verstoßen? Nur in Ihnen ist der Weg zu Gott. Doch mit mir ist's aus! Ich bin abgefallen, verdammt in Ewigkeit, ich bin der ewige Jude." Oberlin sagte ihm, dafür sei Jesus gestorben, er möge sich brünstig an ihn wenden, und er würde teilhaben an seiner Gnade.

Lenz erhob das Haupt, rang die Hände und sagte: „Ach! ach! göttlicher Trost." Dann frug er plötzlich freundlich, was das Frauenzimmer mache. Oberlin sagte, er wisse von nichts, er wolle ihm aber in allem helfen und raten; er müsse ihm aber Ort, Umstände und Person angeben. Er antwortete nichts wie gebrochene Worte: „Ach, sie ist tot! Lebt sie noch? Du Engel! Sie liebte mich – ich liebte sie, sie war's würdig – o du Engel! Verfluchte Eifersucht, ich habe sie aufgeopfert – sie liebte noch einen andern – ich liebte sie, sie war's würdig – o gute Mutter, auch die liebte mich. Ich bin ein Mörder!" Oberlin versetzte, vielleicht lebten alle diese Personen noch, vielleicht vergnügt; es möge sein, wie es wolle, so könne und werde Gott, wenn er sich zu ihm bekehrt haben würde, diesen

Personen auf sein Gebet und Tränen so viel Gutes erweisen, daß der Nutzen, den sie alsdann von ihm hätten, den Schaden, den er ihnen zugefügt, vielleicht überwiegen würde. Er wurde darauf nach und nach ruhiger und ging wieder an sein Malen.

Den Nachmittag kam er wieder. Auf der linken Schulter hatte er ein Stück Pelz und in der Hand ein Bündel Gerten, die man Oberlin nebst einem Briefe für Lenz mitgegeben hatte. Er reichte Oberlin die Gerten mit dem Begehren, er sollte ihn damit schlagen. Oberlin nahm die Gerten aus seiner Hand, drückte ihm einige Küsse auf den Mund und sagte: dies wären die Streiche, die er ihm zu geben hätte; er möchte ruhig sein, seine Sache mit Gott allein ausmachen, alle möglichen Schläge würden keine einzige seiner Sünden tilgen; dafür hätte Jesus gesorgt, zu dem möchte er sich wenden. Er ging.

Beim Nachtessen war er wie gewöhnlich etwas tiefsinnig. Doch sprach er von allerlei, aber mit ängstlicher Hast. Um Mitternacht wurde Oberlin durch ein Geräusch geweckt. Lenz rannte durch den Hof, rief mit hohler, harter Stimme den Namen Friederike, mit äußerster Schnelle, Verwirrung und Verzweiflung ausgesprochen; er stürzte sich dann in den Brunnentrog, patschte darin, wieder heraus und herauf in sein Zimmer, wieder herunter in den Trog, und so einigemal – endlich wurde er still. Die Mägde, die in der Kinderstube unter ihm schliefen, sagten, sie hätten oft, insonderheit aber in selbiger Nacht, ein Brummen gehört, das sie mit nichts als mit dem Tone einer Haberpfeife zu vergleichen wußten. Vielleicht war es sein Winseln, mit hohler, fürchterlicher, verzweifelnder Stimme.

Am folgenden Morgen kam Lenz lange nicht. Endlich

ging Oberlin hinauf in sein Zimmer: er lag im Bett ruhig und unbeweglich. Oberlin mußte lange fragen, ehe er Antwort bekam; endlich sagte er: „Ja, Herr Pfarrer, sehen Sie, die Langeweile! die Langeweile! o, so langweilig! Ich weiß gar nicht mehr, was ich sagen [?] soll; ich habe schon alle Figuren auf die Wand gezeichnet." Oberlin sagte ihm, er möge sich zu Gott wenden; da lachte er und sagte: „Ja wenn ich so glücklich wäre wie Sie, einen so behaglichen Zeitvertreib aufzufinden! ja man könnte sich die Zeit schon so ausfüllen. Alles aus Müßiggang. Denn die meisten beten aus Langeweile, die anderen verlieben sich aus Langeweile, die dritten sind tugendhaft, die vierten lasterhaft, und ich gar nichts, gar nichts, ich mag mich nicht einmal umbringen: es ist zu langweilig!

O Gott! in deines Lichtes Welle,
In deines glühnden Mittags Helle,
Sind meine Augen wund gewacht.
Wird es denn niemals wieder Nacht?"

Oberlin blickte ihn unwillig an und wollte gehen. Lenz huschte ihm nach, und indem er ihn mit unheimlichen Augen ansah: „Sehn Sie, jetzt kommt mir doch was ein, wenn ich nur unterscheiden könnte, ob ich träume oder wache; sehn Sie, das ist sehr wichtig, wir wollen es untersuchen" – er huschte dann wieder ins Bett.

Den Nachmittag wollte Oberlin in der Nähe einen Besuch machen; seine Frau war schon fort. Er war im Begriffe wegzugehen, als es an seine Türe klopfte und Lenz hereintrat mit vorwärts gebogenem Leib, niederwärts hängendem Haupt, das Gesicht über und über und das Kleid hie und da mit Asche bestreut, mit der rechten Hand den linken Arm haltend. Er bat Oberlin, ihm den Arm zu ziehen, er hätte ihn verrenkt, er hätte sich zum Fenster heruntergestürzt; weil es aber niemand gesehen, wolle er es auch niemand sagen. Oberlin erschrak heftig, doch sagte er nichts; er tat, was Lenz begehrte. Zugleich schrieb er an den Schulmeister von Bellefosse, er möge herunterkommen, und gab ihm Instruktionen; dann ritt er weg.

Der Mann kam. Lenz hatte ihn schon oft gesehen und hatte sich an ihn attachiert. Er tat, als hätte er mit Oberlin etwas reden wollen, wollte dann wieder weg. Lenz bat ihn, zu bleiben, und so blieben sie beisammen. Lenz schlug noch einen Spaziergang nach Fouday vor. Er besuchte das Grab des Kindes, das er hatte erwecken wollen, kniete zu verschiedenen Malen nieder, küßte die Erde des Grabes, schien betend, doch mit großer Verwirrung, riß etwas von den auf dem Grabe stehenden Blumen ab als ein Andenken, ging wieder zurück nach Waldbach, kehrte wieder um und Sebastian mit. Bald ging er langsam und klagte über große Schwäche in den Gliedern, dann ging er mit verzweifelnder Schnelligkeit; die Landschaft beängstigte ihn, sie war so eng, daß er an alles zu stoßen fürchtete. Ein unbeschreibliches Gefühl des Mißbehagens befiel ihn, sein Begleiter ward ihm endlich lästig, auch mochte er seine Absicht erraten und suchte ihn zu entfernen. Sebastian schien ihm nachzugeben, fand aber heimlich Mittel, seinen Bruder von der Gefahr zu benachrichtigen, und nun hatte Lenz zwei Aufseher, statt einen. Er zog sie weiter herum; endlich ging er nach Waldbach zurück, und da sie nahe am Dorfe waren, kehrte er wie ein Blitz wieder um und sprang wie ein Hirsch gen

Foubay zurück. Indem sie ihn in Foubay suchten, kamen zwei Krämer und erzählten ihnen, man hätte in einem Hause einen Fremden gebunden, der sich für einen Mörder ausgäbe, der aber gewiß kein Mörder sein könne. Sie liefen in dies Haus und fanden es so. Ein junger Mensch hatte ihn auf sein ungestümes Drängen in der Angst gebunden. Sie banden ihn los und brachten ihn glücklich nach Waldbach, wo Oberlin indessen mit seiner Frau zurückgekommen war. Er sah verwirrt aus. Da er aber merkte, daß er liebreich und freundlich empfangen wurde, bekam er wieder Mut; sein Gesicht veränderte sich vorteilhaft, er dankte seinen beiden Begleitern freundlich und zärtlich, und der Abend ging ruhig herum. Oberlin bat ihn inständig, nicht mehr zu baden, die Nacht ruhig im Bette zu bleiben, und wenn er nicht schlafen könne, sich mit Gott zu unterhalten. Er versprach's und tat es so die folgende Nacht; die Mägde hörten ihn fast die ganze Nacht hindurch beten.

Den folgenden Morgen kam er mit vergnügter Miene auf Oberlins Zimmer. Nachdem sie verschiedenes gesprochen hatten, sagte er mit ausnehmender Freundlichkeit: „Liebster Herr Pfarrer, das Frauenzimmer, wovon ich Ihnen sagte, ist gestorben, ja gestorben – der Engel!" „Woher wissen Sie das?" „Hieroglyphen, Hieroglyphen!" und dann zum Himmel geschaut und wieder: „Ja gestorben – Hieroglyphen!" Es war dann nichts weiter aus ihm zu bringen. Er setzte sich und schrieb einige Briefe, gab sie dann Oberlin mit der Bitte, einige Zeilen dazu zu setzen.[1]

---

[1] Hier folgten im Manuskript noch die Worte: „Siehe die Briefe." Diese Bemerkung machte der Dichter offenbar nur sich selbst, vielleicht, um eventuell noch Stellen aus Lenzens Briefen einzufügen.

Sein Zustand war indessen immer trostloser geworden. Alles, was er an Ruhe aus der Nähe Oberlins und aus der Stille des Tales geschöpft hatte, war weg; die Welt, die er hatte nutzen wollen, hatte einen ungeheuern Riß; er hatte keinen Haß, keine Liebe, keine Hoffnung – eine schreckliche Leere, und doch eine folternde Unruhe, sie auszufüllen. Er hatte **nichts**. Was er tat, tat er mit Bewußtsein, und doch zwang ihn ein innerlicher Instinkt. Wenn er allein war, war es ihm so entsetzlich einsam, daß er beständig laut mit sich redete, rief, und dann erschrak er wieder, und es war ihm, als hätte eine fremde Stimme mit ihm gesprochen. Im Gespräche stotterte er oft, eine unbeschreibliche Angst befiel ihn, er hatte das Ende seines Satzes verloren; dann meinte er, er müsse das zuletzt gesprochene Wort behalten und immer sprechen, nur mit großer Anstrengung unterdrückte er diese Gelüste. Es bekümmerte die guten Leute tief, wenn er manchmal in ruhigen Augenblicken bei ihnen saß und unbefangen sprach, und er dann stotterte und eine unaussprechliche Angst sich in seinen Zügen malte, er die Personen, die ihm zunächst saßen, krampfhaft am Arme faßte und erst nach und nach wieder zu sich kam. War er allein oder las er, war's noch ärger; all seine geistige Tätigkeit blieb manchmal in einem Gedanken hängen. Dachte er an eine fremde Person, oder stellte er sie sich lebhaft vor, so war es ihm, als würde er sie selbst; er verwirrte sich selbst, und dabei hatte er einen unendlichen Trieb, mit allem um ihn im Geiste willkürlich umzugehn: die Natur, Menschen, nur Oberlin ausgenommen – alles traumartig, kalt. Er amüsierte sich, die Häuser auf die Dächer zu stellen, die Menschen an- und auszukleiden, die wahnwitzigsten Possen auszusinnen. Manchmal fühlte er einen unwiderstehlichen Drang, das Ding, das er gerade im Sinne hatte, auszuführen, und dann schnitt er entsetzliche Fratzen. Einst saß er neben Oberlin, die Katze lag gegenüber auf einem Stuhl. Plötzlich wurden seine Augen starr, er hielt sie unverrückt auf das Tier gerichtet; dann glitt er langsam den Stuhl hinunter, die Katze ebenfalls; sie war wie bezaubert von seinem Blick, sie geriet in ungeheure Angst, sie sträubte sich scheu; Lenz mit den nämlichen Tönen, mit fürchterlichem, entstelltem Gesichte; wie in Verzweiflung stürzten beide aufeinander los, da endlich erhob sich Madame Oberlin, um sie zu trennen. Dann war er wieder tief beschämt. Die Zufälle des Nachts steigerten sich aufs schrecklichste. Nur mit der größten Mühe schlief er ein, während er zuvor noch die schreckliche Leere zu füllen versucht hatte. Dann geriet er zwischen Schlaf und Wachen in einen entsetzlichen Zustand: er stieß an etwas Grauenhaftes, Entsetzliches, der Wahnsinn packte ihn; er fuhr mit fürchterlichem Schreien, in Schweiß gebadet, auf, und erst nach und nach fand er sich wieder. Er mußte dann mit den einfachsten Dingen anfangen, um wieder zu sich zu kommen. Eigentlich nicht er tat es, sondern ein mächtiger Erhaltungstrieb: es war, als sei er doppelt, und der eine Teil suche den andern zu retten und riefe sich selbst zu; er erzählte, er sagte in der heftigsten Angst Gedichte her, bis er wieder zu sich kam.

Auch bei Tage bekam er diese Zufälle, sie waren dann noch schrecklicher; denn sonst hatte ihn die Helle davor bewahrt. Es war ihm dann, als existiere er allein, als bestände die Welt nur in seiner Einbildung, als sei nichts als er; er sei das ewig Verdammte, der Satan, allein mit seinen folternden Vorstellungen. Er jagte mit rasender Schnelligkeit sein Leben durch, und dann sagte er: „Konsequent, konsequent"; wenn jemand etwas sprach: „Inkonsequent, inkonsequent"; – es war die Kluft unrettbaren Wahnsinns, eines Wahnsinns durch die Ewigkeit.

Der Trieb der geistigen Erhaltung jagte ihn auf, er stürzte sich in Oberlins Arme, er klammerte sich an ihn, als wolle er sich in ihn drängen; er war das einzige Wesen, das für ihn lebte und durch den ihm wieder das Leben offenbart wurde. Allmählich brachten ihn Oberlins Worte dann zu sich; er lag auf den Knien vor Oberlin, seine Hände in den Händen Oberlins, sein mit kaltem Schweiße bedecktes Gesicht auf dessen Schoß, am ganzen Leibe bebend und zitternd. Oberlin empfand unendliches Mitleid, die Familie lag auf den Knien und betete für den Unglücklichen, die Mägde flohen und hielten ihn für einen Besessenen. Und wenn er ruhiger wurde, war es wie der Jammer eines Kindes: er schluchzte, er empfand ein tiefes, tiefes Mitleid mit sich selbst; das waren auch seine seligsten Augenblicke. Oberlin sprach von Gott. Lenz wand sich ruhig los und sah ihn mit einem Ausdruck unendlichen Leidens an, und sagte endlich: „Aber ich, wär ich allmächtig, sehen Sie, wenn ich so wäre, ich könnte das Leiden nicht ertragen, ich würde retten, retten; ich will ja nichts als Ruhe, Ruhe, nur ein wenig Ruhe, um schlafen zu können." Oberlin sagte, dies sei eine Profanation. Lenz schüttelte trostlos mit dem Kopfe. Die halben Versuche zum Entleiben, die er indes fortwährend machte, waren nicht ganz ernst. Es war weniger der Wunsch des Todes – für ihn war ja keine Ruhe und Hoffnung im Tode – es war mehr in Augenblicken der fürchterlichsten Angst oder der dumpfen, ans Nichtsein grenzenden Ruhe ein Versuch, sich zu sich selbst zu bringen durch physischen Schmerz. Augenblicke, worin sein Geist sonst auf irgendeiner wahnwitzigen Idee zu reiten schien, waren noch die glücklichsten. Es war doch ein wenig Ruhe, und sein wirrer Blick war nicht so entsetzlich als die nach Rettung dürstende Angst, die ewige Qual der Unruhe! Oft schlug er sich den Kopf an die Wand oder verursachte sich sonst einen heftigen physischen Schmerz.

Den 8. morgens blieb er im Bette, Oberlin ging hinauf; er lag fast nackt auf dem Bette und war heftig bewegt. Oberlin wollte ihn zudecken, er klagte aber sehr, wie schwer alles sei, so schwer! er glaube gar nicht, daß er gehen könne, jetzt endlich empfinde er die ungeheure Schwere der Luft. Oberlin sprach ihm Mut zu. Er blieb aber in seiner frühern Lage und blieb den größten Teil des Tages so, auch nahm er keine Nahrung zu sich.

Gegen Abend wurde Oberlin zu einem Kranken nach Bellefosse gerufen. Es war gelindes Wetter und Mondschein. Auf dem Rückwege begegnete ihm Lenz. Er schien ganz vernünftig und sprach ruhig und freundlich mit Oberlin. Der bat ihn, nicht zu weit zu gehen[1]; er versprach's. Im Weggehn wandte er sich plötzlich um und trat wieder ganz nahe zu Oberlin und sagte rasch: „Sehen Sie, Herr Pfarrer, wenn ich das

---

[1] „Zu weit zu gehen" emendiert aus „zurückzugehen", nach dem Wortlaut der Quelle (Oberlins Aufzeichnungen): „Ich bat ihn, nicht weit zu gehen".

nur nicht mehr hören müßte, mir wäre geholfen." „Was denn, mein Lieber?" „Hören Sie denn nichts? hören Sie denn nicht die entsetzliche Stimme, die um den ganzen Horizont schreit und die man gewöhnlich die Stille heißt? Seitdem ich in dem stillen Tale bin, hör ich's immer, es läßt mich nicht schlafen; ja Herr Pfarrer, wenn ich wieder einmal schlafen könnte!" Er ging dann kopfschüttelnd weiter.

Oberlin ging zurück nach Waldbach und wollte ihm jemand nachschicken, als er ihn die Stiege hinauf in sein Zimmer gehen hörte. Einen Augenblick darauf platzte etwas im Hofe mit so starkem Schalle, daß es Oberlin unmöglich von dem Falle eines Menschen herzukommen schien. Die Kindsmagd kam todblaß und ganz zitternd...

Er saß mit kalter Resignation im Wagen, wie sie das Tal hervor nach Westen fuhren. Es war ihm einerlei, wohin man ihn führte. Mehrmals, wo der Wagen bei dem schlechten Wege in Gefahr geriet, blieb er ganz ruhig sitzen; er war vollkommen gleichgültig. In diesem Zustande legte er den Weg durchs Gebirg zurück. Gegen Abend waren sie im Rheintale. Sie entfernten sich allmählich vom Gebirge, das nun wie eine tiefblaue Kristallwelle sich in das Abendrot hob, und auf deren warmer Flut die roten Strahlen des Abends spielten; über die Ebene hin am Fuße des Gebirgs lag ein schimmerndes, bläuliches Gespinst. Es wurde finster, je mehr sie sich Straßburg näherten; hoher Vollmond, alle fernen Gegenstände dunkel, nur der Berg neben bildete eine scharfe Linie; die Erde war wie ein goldener Pokal, über den schäumend die Goldwellen des Mondes liefen. Lenz starrte ruhig hinaus, keine Ahnung, kein Drang; nur wuchs eine dumpfe Angst in ihm, je mehr die Gegenstände sich in der Finsternis verloren. Sie mußten einkehren. Da machte er wieder mehrere Versuche, Hand an sich zu legen, war aber zu scharf bewacht.

Am folgenden Morgen, bei trübem, regnerischem Wetter, traf er in Straßburg ein. Er schien ganz vernünftig, sprach mit den Leuten. Er tat alles, wie es die andern taten; es war aber eine entsetzliche Leere in ihm, er fühlte keine Angst mehr, kein Verlangen, sein Dasein war ihm eine notwendige Last. – –

So lebte er hin . . .

Nachwort

Über Georg Büchners Dichtungen waltete ein besonderes Mißgeschick. Sein erstes Werk „Dantons Tod" (1835) erschien textlich so entstellt, daß es für den Dichter keine Freude sein konnte; „Leonce und Lena" war so gut wie vollendet, blieb jedoch zu seinen Lebzeiten ungedruckt; das Trauerspiel „Wozzeck" und die Novelle „Lenz" endlich blieben nicht bloß ungedruckt, sondern auch fragmentarisch, und doch sind sie das Beste und Reifste, was der Dichter geschaffen.
Den Torso „Wozzeck" hat erst Karl Emil Franzos 1879 ans Licht gezogen, indem er durch ein chemisches Verfahren die verblaßten Schriftzüge zu neuem Leben auffrischte. Leider gaben die losen Blätter für die Szenenfolge keinen Anhalt, und so mußte Franzos seinem eignen Gefühl folgen, wobei er dem Stimmungscharakter der einzelnen Szenen mehr nachgab, als ihr sachlicher Inhalt vertragen wollte. Aus diesem Grunde war für die Wiedergabe jene Anordnung vorzuziehen, die neuerdings Paul Landau in seiner Büchnerausgabe durchgeführt und in der ergebnisreichen Einleitung auch begründet hat. Die für die Exposition geeigneten Szenen sind also an den Anfang gestellt, und die erste Wirtshausszene, die offenbar nur eine schwache Variante zum Kasernenhof-Auftritt ist und von Landau unter den Text verwiesen wurde, ist ganz gestrichen worden. Sie sei der Vollständigkeit halber im folgenden wiedergegeben:

Wirtshaus
Tambourmajor. Wozzeck. Andres. Leute.

Tambourmajor. Ich bin ein Mann! (Schlägt sich auf die Brust.) Ein Mann, sag ich. Wer will was? Wer kein besoffener Herrgott ist, der laß sich von mir – –. Ich will ihm die Nas' ins A—loch prügeln. Ich will – (Zu Wozzeck:) Da Kerl, sauf! – Ich wollt, die Welt wär Schnaps, Schnaps, der Mann muß saufen – Da Kerl, sauf! –

Wozzeck (blickt weg, pfeift).

Tambourmajor. Kerl, soll ich dir die Zung aus dem Hals ziehn und sie dir um den Leib wickeln? (Sie ringen, Wozzeck unterliegt.) Soll ich dir noch so viel Atem lassen, als ein Altweiberf—z? Soll ich –

Wozzeck (sinkt erschöpft auf eine Bank).

Tambourmajor. Jetzt soll der Kerl pfeifen, dunkelblau soll er sich pfeifen! He! Branntwein, das ist mein Leben! Branntwein, das gibt Courage!

Einer. Der hat sein Fett!

Andres. Er blut'.

Wozzeck. Einer nach dem andern!

Schon am Anfang wird nunmehr der Leser in die Situation des Stückes eingeführt, und nach den lärmenden Messeszenen, die man sich vielleicht als den Abschluß des ersten Aktes zu denken hat, an die sich aber auch Maries Begegnung mit dem Tambourmajor auf der Straße unmittelbar anschließen mag, setzt die von dieser Bekanntschaft ausgehende Spannung ein, die nun in ununterbrochener Steigerung bis zur Katastrophe führt. Freilich: alle Widersprüche und Unebenheiten vermag auch diese

Anordnung nicht zu beseitigen. Aber der Leser vergesse nicht, daß er es nur mit einem Entwurf zu tun hat, der solche Inkonsequenzen mit Entwürfen anderer Dichter teilt, die realistische Kraft der Darstellung, die Stimmungskunst und die dramatische Steigerung aber vor vielen voraus hat. Selbst wenn Büchner nichts als diesen einen Entwurf hinterlassen hätte, er wäre zu den besten dramatischen Dichtern Deutschlands zu zählen.

Auf derselben Höhe steht nun aber auch das Fragment des „Lenz". Die Gestalt jenes unglücklichsten und doch begabtesten Dichters der Sturm- und Drangzeit, der nach so verheißungsvollen Anfängen dem Wahnsinn verfiel, brachte der Straßburger Aufenthalt Büchner nahe. In Straßburg war es, wo Lenz mit Goethe bekannt und mit ihm ein begeisterter Verehrer Shakespeares und des Volksliebs geworden war; im unfernen Sesenheim hatte er dann nach Goethes Weggang den Liebesroman mit Friederike Brion fortzusetzen versucht und sie in Liedern Goethischer Tonart angedichtet, ohne Goethes Erfolg freilich; und als er später in Weimar unerträglich geworden, war er, nach mancherlei Irrfahrten und schon mit den Spuren des Wahnsinns, ins Elsaß zurückgekehrt, wo er, von seinem Freunde, dem Kraftapostel Christoph Kaufmann empfohlen, beim Pfarrer Oberlin in dem wilden Vogesengebirgsort Waldersbach freundliche Aufnahme fand. Über des Kranken Aufenthalt und Gebaren dort im Steintal hat Oberlin selber Aufzeichnungen hinterlassen, die damals im Besitze des Straßburgers August Stöber waren und Büchner wohl durch den Pfarrer Jaeglé zu Gesichte kamen. Sie wurden, wenn sie nicht überhaupt die erste Anregung gaben, die eigentliche Quelle für Büchners Erzählung, die sich sachlich und zuweilen im Ausdruck sogar der Darstellung Oberlins aufs engste anschließt. Dennoch ist die Novelle Büchners eigenstes Werk geworden, dank der künstlerischen Durchdringung des Stoffes und der großartigen Naturpoesie, die er erst in die Erzählung eingeführt hat; dank auch der psychologischen Kunst, mit der hier die Entwicklung des Wahnsinns beobachtet und selbst im Stil die seelische Zerrissenheit des Kranken ausgedrückt ist.

Um so bedauerlicher, daß auch diese Novelle ein Fragment bleiben sollte. Sie war für Gutzkows „Deutsche Revue" bestimmt, und als das Erscheinen derselben verboten wurde, kümmerte sich Büchner auch um seine Erzählung nicht weiter. Er gab ihr weder den notwendigen Abschluß, noch legte er die letzte Feile an. Fragmentarisch wie sie war, veröffentlichte sie Gutzkow nach dem Tode des Dichters in seiner Zeitschrift „Der Telegraph" (1839). Von dort wohl druckte sie Ludwig Büchner in den „Nachgelassenen Schriften" (1850) des Bruders ab; danach die späteren Herausgeber. Auf eine bloße Wiederholung dieses Abdrucks sollte sich unsere Ausgabe nicht beschränken. Sie sucht vielmehr dem Fragment den Charakter des flüchtigen Entwurfs zu nehmen, indem sie die vielfach lässig gebliebene Interpunktion dem Stil des Dichters anpaßt und die von ihm nur begonnene Ordnung des Ganzen durch Abschnitte durchführt. Wie viel dadurch gewonnen wird, erfährt jeder, der die vorliegende Lesart mit den früheren vergleicht. Endlich konnten auch textliche Unrichtigkeiten der früheren Ausgaben beseitigt werden.

Druck der Roßberg'schen
Buchdruckerei in Leipzig

Insel-Verlag zu Leipzig

Achim von Arnims Werke. Auswahl in drei Bänden. Herausgegeben von Reinhold Steig. In Pappbänden M. 7.50, in Leinen M. 12.—

Band I enthält die Novellen; Band II die beiden großen Romane „Gräfin Dolores" und die „Kronenwächter"; Band III die Lyrik und einige Dramen („Die Gleichen" u.a.).

Eichendorffs Dichtungen. Ausgewählt und herausgegeben von Franz Schultz. Zwei Bände. In Pappbänden M. 6.—; in Leinen M. 8.—

Inhalt: Gedichte. Aus dem Leben eines Taugenichts. Das Marmorbild. Das Schloß Dürande. Die Entführung. Die Glücksritter. Ahnung und Gegenwart. Dichter und ihre Gesellen. Erlebtes.

Heines sämtliche Werke. Unter Mitwirkung von Jonas Fränkel, Ludwig Krähe, Albert Leitzmann, Paul Neuburger und Julius Petersen herausgegeben von Oskar Walzel. Zehn Bände. In Halbleinen M. 54.—

Hölderlins sämtliche Werke und Briefe. In fünf Bänden. Kritisch-historische Ausgabe von F. Zinkernagel. Mit mehreren Bildern und Faksimiles. Jeder Band geheftet M. 4.—; in Halbleder M. 11.—

Bisher sind Band II und III erschienen.

Heinrich von Stein: Gesammelte Dichtungen. Herausgegeben von Friedrich Poske. Drei Bände. Geheftet M. 8.—; in Halbleinen M. 12.—

Inhalt: Die Ideale des Materialismus. Vermächtnis. Helden und Welt. Dramatische Bilder und Erzählungen.